3분 핵심 설교

심방 예배 인도서

3분 핵심설교 - 심방예배인도서

2011년 12월 10일 초판 인쇄
2012년 12월 30일 2쇄 발행

지은이 한치호
펴낸이 황경자
펴낸곳 도서출판 두돌비 (등록번호 2006-12)
주소 서울중랑구 면목2동 183-92
전화 02)964-6993 / 팩스 02) 2208-0153

ISBN 978-89-89236-53-5
값 7,500원

* 저자 연락처 : HP 010. 3738. 5307
* 이 책의 판권은 저자에게 있습니다. 저자와의 협약에 의하여 인지는 생략합니다.

3분 핵심 설교
심방 예배 인도서

한치호 목사 지음

두돌비

머리말

위로와 용기를 주는 사역

한국 교회의 전통적인 목회는 설교와 심방사역으로 이루어져 왔다고 볼 수 있다. 목회자에게 있어서 심방은 교회공동체를 개인적으로 섬기는 일로 당연시 하였다. 이에, 교회의 평신도 지도자들이나 구역장, 셀의 리더는 평신도를 직접 방문하여 인격적인 관계를 맺으며 양육을 돕는다.

교회에서의 심방은 하나님의 도움이 절실하게 필요한 곳에, 주님의 이름으로 하나님을 대신하여 찾아가서 위로하고, 권고하고, 친교를 나누는 사역을 말한다. 교회의 돌봄 사역인 심방을 통해서 구역장·셀 리더는 성도들과 친근해지며, 성도들의 형편을 파악할 뿐만 아니라, 그에 따른 지도와 육성을 해 왔다.

목회의 현장에서 전통적으로 성도들은 자기들에게 도움이 필요하다고 느낄 때는 언제나 방문해 달라는 명문화하지 않은 초대장을 담임 목사를 비롯해서 교회의 지도자들과 구역장·셀 리더에게 보내고 있다. 그들은 교회로부터 성도들의 가정을 방문하고 적절하게 영적 조언을 하도록 위탁을 받은 사람이다.

길 잃은 양 한 마리를 위하여 목자는 위험한 벼랑이라도 기어 올라간다. 목자는 양이 간 곳이라면 위험이 도사리는 광야라도 양의 발자국을 더듬어 찾아간다. 목자가 그의 양떼를 잔잔한 물가와 푸른 초장과 쉴만한 물가로 인도하는 것처럼 교회의 지도자들은 자기들에게 맡겨진 성도들의 사정을 잘 살피고, 알아서 돌보아 주어야 한다. 항상 잔잔한 물가와 초장에 있도록 잘 돌보아야 한다.

그들은 하나님의 보내심으로 성도들의 가정에 파송을 받아, 성령님의 사역을 일으키는 청지기이다. 사역자들의 심방에 의해서 성도들은 자기에게 오시는 하나님을 경험하는 복을 누린다.

바울은 그가 세운 교회들을 자주 방문하였다. 그래서 핍박과 환난 중에 있는 교회에 하나님의 말씀으로 권하여 제자들에게 마음을 굳게 먹을 것과 믿음 안에 거할 것을 권고하고 격려하였다. 어려움 중에 있는 성도들에게 사역자의 격려는 용기를 준다.

하나님께서는 사람을 찾으시고, 권고하시며, 죄인을 구원하시기 원하신다. 사역자들은 성도들의 형편과 처지에 따라 하나님의 말씀으로 위로하고, 격려하며 그에 맞는 적절한 기도를 가지고 하나님의 은혜를 구해야 한다. 힘과 용기 그리고 희망을 북돋우어 주는 일은 그의 첫째 사역이다. 하나님의 백성들을 돌아보아야 한다.

주후 2011년 11월
   한 치 호 목사

차 례

머리말
심방 예배, 이렇게 인도하라   10

1. 전도대상자
    복음을 듣고자 하는 사람   20
    믿다가 낙심된 사람   23
    어려서 예수님을 믿었던 사람   26
    교회를 떠났던 사람   29

2. 신앙생활
    새 신자에 대한 권면   32
    교회 중심의 생활   35
    성도와의 교제   38
    제직으로서의 봉사   41

3. 신앙의 낙심
    신앙에 회의를 품음   44
    교회를 멀리함   47
    주일의 예배가 싫어짐   50
    헌금에 인색함   53

4. 교회 직원의 가정
　부교역자의 가정　　　　　　56
　장로의 가정　　　　　　　　59
　집사(안수)의 가정　　　　　62
　권사의 가정　　　　　　　　65

5. 가정생활
　예수님을 모신 가정　　　　　68
　화목한 가족　　　　　　　　71
　교회를 중심한 가정　　　　　74
　자녀의 양육　　　　　　　　77

6. 새 가정
　하나님의 영광을 구함　　　　80
　부부의 사랑　　　　　　　　83
　임신과 출산　　　　　　　　86
　부모에게 효도　　　　　　　89

7. 가족의 경사
　아기의 첫돌　　　　　　　　92
　생신　　　　　　　　　　　　95
　회갑　　　　　　　　　　　　98
　자녀의 결혼　　　　　　　　101

8. 가정의 위기
  불화 104
  차이를 극복하지 못함 107
  배우자의 외도 110
  고부의 갈등 113

9. 직장생활과 사업장의 운영
  업무 자세 116
  승진 119
  사업장의 경영 122
  사업장의 부진 125

10. 주택
  이사 128
  구입 131
  신축 134
  증·개축 137

11. 재정
  경제적인 어려움 140
  수입의 감소 143
  지출할 부분이 늘어남 146
  예기치 못하는 재난 149

12. 격려와 상담
- 염려에 처한 사람 — 152
- 환란을 당한 사람 — 155
- 사고를 당한 사람(병원 입원) — 158
- 재판 및 수감의 경우에 — 161

13. 위로와 치유
- 두려움으로 불안할 때 — 164
- 무기력함에 빠져있을 때 — 167
- 생활이 어려워질 때 — 170
- 위기에 몰린 사람 — 173

14. 병원의 방문
- 발병(중병의 진단) — 176
- 장기 입원(지병) — 179
- 위급한 병 — 182
- 수술 전에 — 185

15. 임종과 장례
- 임종 — 188
- 입관 — 191
- 발인 — 194
- 하관 — 197

- 제목으로 찾아보기 — 200

심방 예배, 이렇게 인도하라

목회와 심방

한국 교회에서는 전통적으로 심방을 목회의 한 사역으로 이해하여 왔다. 목회자나 평신도 지도자들이 성도의 가정을 방문해서 예배하며, 인격적인 만남을 경험하고, 격려와 위로를 통해서 문제를 풀어주었다. 이에, 심방을 받은 성도는 하나님의 위로를 경험하게 된다.

일반적으로, 교역자의 사역을 목회라는 말로 말한다. 목회라는 말은 하나님과 하나님의 백성사이의 관계를 가장 잘 표현하는 단어 중의 하나로서 그 뜻은 양떼를 먹이고 돌아본다는 것이다. 성경에서는 이스라엘의 하나님을 '목자' (시 80:1)로 표현하며, 다윗은 시편 23:1에서 "여호와는 나의 목자시니"라고 고백하고 있다.

예수님께서는 요한복음 10:10에서 "내가 온 것은 양으로 생명을 얻게 하고 더 풍성히 얻게 하려 함이라"고 말씀하셨다. 또한 부활 후에 갈릴리 바닷가에서 베드로에게 "내 양을 치라"고 목회명령을 내리셨다. 이렇게 본다면 심방은 교회의 목회사역에서 양들의 영혼을 돌보고, 치료하는 중요한 목회의 본질 중의 하나라는 데서 그 의미를 찾을 수 있다.

창세기 3:8-9에, "그들이 날이 서늘할 때에 동산에 거니시는 여호와 하나님의 낯을 피하여 동산 나무사이에 숨은지라 여호와 하나님이 아담을 부르시며 그에게 이르시되 네가 어디있느냐'라고 물으셨다. 하나님께서 죄를 범한 아담을 찾아 오셔서 그의 형편을 물으신 것이다. 하나님께서 인간을 찾아오신 심방이다.

이처럼 심방은 하나님께서 제일 먼저 시작하셨다. 범죄하고 숨은 아담을 찾아오셔서 형편을 물으심으로 자기 잘못을 회개할 기회를 주시고, 나가서 그의 자손 대대에 가서 용서해 주실 것을 약속해 주시는 하나님은 심방의 참 의미를 우리에게 가르쳐 주고 있다.

심방의 필요성

하나님의 자녀는 세상에서 살아가는 동안에 죄를 떠날 수 없다. 우리는 부지불식으로 죄를 짓게 된다. 그러므로 우리는 끊임없이 죄를 용서를 받아야 한다. 그런데 이 사죄는 공적(公的)일 뿐만 아니라 개인적으로도 이루어져야 한다. 이때, 대개의 성도들은 자신의 연약함 때문에 개별적인 위로가 필요하다.

이런 사실의 근거로 요한 깔뱅은 바울의 말을 인용하면서 공적 설교 뿐 아니라 집집마다(from house to house) 다니며 그리스도를 믿는 신앙을 증거하며, 한 사람 한 사람에게 개인적으로 구원의 교리에 대하여 가르치고 권고하라고 하였다(행 20:20-21).

이 말은 목회에 있어서 심방의 중요성을 높이 평가하고 있는 말이다.

심방은 목회의 성공에 있어서 가장 큰 비중을 차지한다. 병자나 믿음이 약한 자에게 찬송과 기도로 위로하고 권면하는 것은 다시없는 기쁨이요, 위안이 된다. 어떤 의미에서 심방은 강단에서 외치는 설교보다 몇 배의 효과가 있다. 심방을 통해서 목회자는 성도들과 친근해지며, 교인들의 형편을 파악할 뿐만 아니라, 그에 따른 지도와 양육을 하게 된다.

심방의 필요성에 대해서 언급할 때 두 가지로 구분할 필요가 있다. 첫째는 목회자의 입장에서의 필요성이고, 둘째는 교인들의 입장에서 필요성이다.

먼저 목회자의 입장에서 심방의 필요성을 다음과 같이 9가지로 요약할 수 있다.

① 환자를 위문하고 격려하기 위해서
② 새신자를 돌아보고 영접시키기 위해서
③ 결석한 성도를 찾아가 보고, 권면하기 위해서
④ 믿음이 약한 자를 돌보기 위해서
⑤ 노인이나 장애자들과 같이 교인이면서도 출석이 불가능한 자들을 위해서
⑥ 슬픈 자를 위로하고, 기쁜 자를 축하하기 위해서
⑦ 불신자 가족을 전도하기 위해서
⑧ 교인들의 가정 사정을 알기 위해서
⑨ 교인들과의 상담을 위해서

예수님의 사역에서의 심방

복음서에 나타난 예수님의 전도활동은 심방이 곧 사역이었다. 주님의 사역은 찾아가 만나주시고, 고쳐주시고, 가르쳐주시고, 살려주신 적극적인 사역이었다.

① 축하심방
예수님은 가나의 혼인 잔치 집을 찾아가 축하해 주시고, 그 집에 필요한 모든 것들을 채워주셨다. 예수님께서는 물로 포도주를 만드는 이적을 통해 제자들과 혼인예식에 참여한 많은 사람들에게 믿음을 심어 주심으로 축하심방의 본을 보이셨다.

② 환자심방
예수님은 복음전도 여행 중에 제자 베드로의 장모가 열병으로 고통당하고 있는 것을 아시고 그 집에 찾아가셔서 그녀의 열병을 낫게 해주셨다. 사실, 환자를 찾아가서 위로하는 심방은 환자에게 예수님을 구주로 믿고 순종하게 할 수 있는 가장 좋은 목회사역이다. 왜냐하면 사람은 아프고 어려울 때 받는 도움을 가장 오래 기억하고 있을 뿐 아니라, 진정으로 감사하게 생각하기 때문이다.

③ 전도심방

예수님께서 이 세상에 오신 목적은 죄의 형벌 아래 있는 인간들을 구원하시기 위함이셨다. 주님께서는 구원을 위해 대중을 상대하기도 하셨지만, 개개인의 영혼들을 더 사랑하시고 관심을 깊이 가지셨다. 우리는 복음서에서 예수님이 얼마나 많은 이들을 개인적으로 만나주시고, 구원에로 인도해 주셨는지를 확인하게 된다. 이 심방이야말로 예수님의 심방사역에서 가장 으뜸 되는 사역이었다.

④ 직장심방

예수님은 그의 제자들을 부르실 때, 대부분 그들이 일하고 있는 일터로 찾아가 부르심으로써 이른바 '직장심방의 본'을 보이셨다. 마태복음 4:17-22에 보면 베드로 형제와 요한 형제들을 갈릴리 호수까지 찾아가 부르셨고, 마가복음 2:14-15에 보면 세관에서 일하는 세리 마태를 찾아가 부르셨다.

⑤ 위로심방

예수님은 슬픔을 당한 가정에 찾아가 위로하고 소망을 주셨다. 요한복음 11장에 보면 베다니 마르다의 집에 슬픈 소식을 듣고 찾아가서서 위로하며 부활신앙을 갖도록 "나는 부활이요 생명이니 나를 믿는 자는 죽어도 살겠고 무릇 살아서 나를 믿는 자는 영원히 죽지 아니하리라 네가 이것을 믿느냐"(요 11:25-26)고 물으시면서 부활신앙을 강조하셨다.

심방자의 자세

연약한 지체들에게 믿음에 굳게 서도록 도와주며, 효과적인 심방을 위하여서 가장 중요한 것은 심방을 하는 사람들의 모습이다. 구역장, 또는 셀 리더가 지체들을 찾아보는 방문에 있어서, 목회적인 심방이든지 사교적 심방이든지 심방자의 정신적 자세와 심적 자세가 중요하다. 그리고 심방에 동행하는 지체들의 자세가 바로 갖추어져야 한다.

구역장, 또는 셀 리더의 자세

하나님께서 자기에게 돌아보라고 맡겨주신 지체들을 심방할 때, 반드시 요구되는 마음이다. 인간적인 사랑이 아니라 예수 그리스도의 사랑을 가지고 찾아가 위로하고, 감싸주며, 때로는 하나님의 말씀을 대언하여 책망하고 기도해야 한다. 이때, 그는 부모의 심정으로 교인들을 대하고 돌보아야 한다.

영적인 면에서 구역장(셀 리더)은 그들에게 어른이요, 어버이로서 자녀를 사랑하듯 교인을 사랑하며 심방해야 한다. 이런 구역장은 한 가족처럼 그들의 기쁨과 슬픔, 아픔과 번민도 같이 느끼며 나누게 된다.

바울은 목자의 심정을 고린도후서11:29에서, "누가 약하면 내가 약하지 아니하며 누가 실족하게 되면 내가 애타하지 않더냐"라고 표현하고 있다. 바울의 이러한 심정과 자세로 심방해야 한다.

동행자의 자세

심방에 임하는 구역장(셀 리더)의 동행자로서는 대개 구역의 권속들이나 평신도 지체들이다. 이들은 성도들 사이의 신의와 화평을 해치지 않도록 해야 하며, 교리나 신앙의 문제는 목회자가 지도하고 말하도록 해야 한다.

동행자는 심방을 받는 지체의 장점과 선한 일로 신앙생활을 격려해 주어야 한다. 나아가서 심방을 받는 가정에 구역장(셀 리더)보다 먼저 들어가 준비하고, 사정을 미리 알아서 보고할 수 있으면 좋을 것이다.

심방 예배의 순서

심방의 내용에 따라 조금씩 다르고, 그 가정의 형편에 따라 다를 수 있지만 대개 다음과 같은 순서로 진행한다.

1) 문안
가정의 평안과 형편을 묻는다.
 (피심방자에 대한 점검사항)
 -거듭났는가, 진리를 알고 있는가?
 -성령을 받았는가, 성령의 참 뜻을 이해했는가?
 -진리 안에 거하는가, 믿음의 실천이 있는가(헌신, 전도 등)?

-신앙의 가정인가?

-세상의 진리와 하나님의 말씀을 구별하고 있는가?

-성경대로 대인관계를 잘 이루고 있는가?

-가정예배를 드리는가?

-가정의 고난이나 역경 및 문제가 무엇인가?

2) 찬송

심방을 받는 가정의 사정과 생활의 내용에 따라 찬송을 부른다.

3) 설교

소망과 위로가 되는 적절한 말씀을 골라서 읽고, 간결한 내용으로 설교를 한다. 짧은 시간에 그 가정이 꼭 필요로 하는 적절한 말씀을 주어야 한다.

4) 기도

심방의 마무리는 뜨거운 기도로 마쳐야 한다. 아무리 시간이 없어도(찬송과 성경말씀을 증거하지 못한다 할지라도) 기도 한 가지만은 **빠뜨리지** 말아야 한다. 만일, 심방을 받는 장소가 사업장이어서 일을 하고 있는 중이라 해도 머리 숙여 기도하고 떠나야 한다.

심방장소에서의 대화

심방 예배에 함께 한 지체들은 일방적인 자기 주장을 금하고, 상대방의 말에 귀를 기울일 줄 알아야 한다. 특히, 자신의 말만 많이 하지 말고 성급한 설득보다 들어 주는 자세가 필요하다. 자기의 자랑을 늘어놓아 상대방으로 하여금 아니꼽게 느끼지 않도록 해야 한다.

예배에 참여한 이들이 오늘 심방의 의미와 목적을 잊지 말고, 심방을 받는 지체의 영적인 유익을 도모하는 방향으로 대화가 이루어져야 한다. 무익한 변론이나 직설적인 책망은 피하는 것이 좋다. 함께 한 지체들의 대화는 항상 진지하고 조용하게 하며, 좋은 신앙의 충고가 되어야 한다.

나아가서 대화중에 다른 지체들에 대하여 이간시키기 쉬운 말은 절대로 발설하면 안 된다. 그 말 속에 원수가 함께 역사한다. 심방자의 가정에 대한 비밀은 절대 누설치 말고 지켜야 한다.

아울러, 심방에 나선 이들 개인의 사정이나 곤란한 부탁은 하지 말아야 한다. 또한, 지체들 사이에서 금전의 거래는 요구하지 말아야 한다. 그리고 계 조직이나 놀이 등 세상풍습은 좇지 말아야 한다. 우리가 다 실수를 할 수 있는 지체들이므로, 상대방의 실수나 범죄에 대하여 정죄하거나 속단하는 것은 금물이다.

3분 핵심 설교

▼

심방 예배 인도서

복음을 듣고자 하는 사람 ❶

하나님을 아버지로 경외하라

찬송_ 9, 292장 | 성경_ 잠언 3:5-6

1. 전도대상자

1. 마음을 다하여 전적으로 여호와를 의뢰하라

자녀들은 자기의 부모가 악하다하여도 의지한다. 이것은 부모를 향한 자녀의 믿음을 보여주는 것이다. 하나님을 의지하면, "너의 길을 여호와께서 맡기라. 저를 의지하면 저가 이루시고 네 의를 빛같이 나타내시며 네 공의를 정오의 빛같이 하시리로다"(시 37:5-6)라고 하셨다.

2. 자신의 명철을 의지하기를 거절하라

우리 스스로 지혜롭다고 생각하지 말아야 한다. 하나님보다 자신을 더 지혜롭다 여김은 교만이다. 자녀들이 겸손하게 부모를 따르듯이, 우리는 내 생각의 머리를 굴리지 말고, 하나님께 겸손해야 한다. 하나님께서는 우리가 생각지도 않은 길로 인도하실 때가 있으시다.

3. 모든 일에서 하나님을 인정하라

하나님을 믿는 사람은 그 믿음의 증거로 무엇을 하든지, 어디로 가든지 하나님을 항상 인정한다. 자녀는 언제든지 부모의 보호와 간섭을 구한다. 때로는 부모와 의논하면서 자신의 행동을 결정하기도 한다. 이와 같이 우리는 하나님의 보호와 간섭하심을 소망해야 한다.

복음을 듣고자 하는 사람 ❷
거절해야 할 것 세 가지

찬송_ 14, 295장 | 성경_ 시편 1:1-6

1. 악인의 꾀

하나님께서 우리를 그의 자녀로 삼아주심은 악인으로 살지 않게 하심이다. 전에 우리는 악인이었다. 하나님께서는 우리를 의로운 사람으로 단련시키기 위하여 악인을 사용하신다. 그것은 잠시 동안 악인이 잘 되게 하심이다. 이로써 악인의 형통을 보고 미혹을 받지 않게 하신다.

2. 죄인의 길

이 땅에 기록되는 역사는 인간의 죄와 하나님의 심판이다. 하나님은 사람이 짓는 죄를 지나치지 않으시고 심판하신다. 그러므로 사람이 죄인의 길에 서게 되면 하나님의 심판이라는 대가를 지불해야만 한다. 하나님 앞에서 복의 대상으로 살라고 우리를 자녀로 삼아주셨다.

3. 오만한 자의 자리

사람은 자신이 살고 있는 환경에 반응하게 된다. 환경에 의해서 거룩하게도 되고, 문란하게도 된다. 하나님의 자녀로서 우리에게 요구되는 것은 절대 겸손이다. 하나님께서는 겸손한 자와 함께 하시고, 그의 겸손을 통해서 영광을 구하신다. 스스로 오만하려 하지 말아야 한다.

복음을 듣고자 하는 사람 ❸
내 영혼아 여호와를 찬양하라

찬송_ 20, 298장 | 성경_ 시편 146:1-5

1. 여호와를 찬양하라

"이 백성은 내가 나를 위하여 지었나니 나의 찬송을 부르게 하려 함이니라"(사 43:21). 인생은 하나님의 영광을 찬양하라고 지어진 존재라는 것이다. 다윗은 생각할 것이나 할 일도 많았지만, 자기 자신을 향해서 여호와를 찬양하라고 하였다. 찬양은 인간의 본분이다.

2. 인생을 의지하지 말라

우리가 하나님을 찬양할 때, 하나님을 경외하며, 그에게 의뢰하는 삶을 살아가게 된다. 우리가 하나님의 피조물임을 인정한다면 마땅히 창조주를 의지해야 할 것이다. 하나님을 찬양하면서 그분의 인도하심을 바라보아야 한다. 똑같은 피조물을 의지의 대상으로 삼지 말자.

3. 하나님께 소망을 두라

"하나님께 그 소망을 두는 자는 복이 있도다." 하나님의 심판 앞에 놓여 진 세상이나 죄로 말미암아 죽을 수밖에 없는 인생은 소망이 대상이 될 수 없다. 하나님만이 우리에게 소망이시다. 하나님을 소망할 때, 환란에서도 나를 인도해 주시고, 찬양하는 삶을 살게 하신다.

믿다가 낙심된 사람 ❶

하나님께 소망을 두라

찬송_ 29, 310장 | 성경_ 시편 42:1-5

1. 주를 찾기에 갈급하라

목이 마른 사슴은 혀를 축이려고, 한 입의 물을 그리워하며 시냇물을 찾기에 갈급하다. 우리는 여호와의 은혜로 살아가기 위해서 하나님을 찾기에 갈급해야 한다. 하나님의 도우심을 바라고, 사모할 때, 미쁘신 여호와께서 나를 돕는 자 중에 계시면서 내 편이 되어 주신다.

2. 하나님의 얼굴을 그리워하라

자녀는 많은 사람들이 있는 곳에서도 자기의 부모를 쳐다본다. 우리는 아버지가 되어 주시는 하나님을 바라야 한다. 그것이 내가 하나님의 자녀가 되었다는 증거다. 여호와의 은혜를 구하는 목마름으로 하나님께 매달려야 한다. 하나님께서는 사모하는 영혼을 만족케 하신다.

3. 낙심과 불안을 버려라

우리의 삶은 낙심하게 하고, 불안하게 한다. 사람이 자기 자신을 바라보면 하나님을 보지 못함으로 인하여 실망할 수밖에 없다. 사회적으로 소외되고, 무능하며, 실패한 나를 생각하면 낙심하게 된다. 자신을 보기를 거절하고, 여호와께서 나를 위하여 도우시는 것을 기대하자.

믿다가 낙심된 사람 ❷
가이사의 것과 하나님의 것

찬송_ 31, 421장 | 성경_ 마태복음 22:15-22

1. 너의 소유주가 누구냐

내가 소유하고 있는 것을 구별해서 가이사의 것은 가이사에게로, 하나님의 것은 하나님께 바치는 사람은 소유주를 아는 사람이다. 가이사에게 속한 사람은 그에게 바치고, 하나님께 속한 사람은 하나님께 바친다. 우리는 이 땅에 있는 동안에 세상과 하나님께 속하여 있다.

2. 너의 소유물의 소유주가 누구냐

가장 어리석은 사람은 자신이 갖고 있는 것을 자기의 것으로 여기는 사람이다. 지금 나의 손 안에 있는 것들의 참 주인은 내가 아니다. 나는 잠깐 동안 사용하고 있을 뿐이다. 나의 손에 있는 것들에 집착하여 참 주인을 잊을 때, 우리는 가진 것들로 말미암아 불행에 빠진다.

3. 맡겨져 있는 순간에 성실하라

우리는 이 땅에서 살고 있는 동안에 나라와 정부에 대하여 백성 된 의무를 다해야 한다. 동시에 천국의 백성으로서 하나님께 대한 의무도 이행해야 한다. 내게 있는 재물은 이 땅의 나라를 위해서 쓰여 지고, 하나님의 나라를 위해서도 쓰여 져야 한다.

믿다가 낙심된 사람 ❸

네게 요구하시는 것

찬송_ 25, 290장 | 성경_ 신명기 10:20-22

1. 하나님을 경외하여 도를 행하라

경외한다는 것은 공경하는 것을 말한다. 그리고 도를 행함은 하나님의 말씀대로 사는 것을 가리킨다. 하나님께서는 우리를 자녀라 부르시고, 자녀의 신분으로 살아가는 것을 원하신다. 전에, 죄인이었던 나를 자녀로 삼아주셨으니, 하나님을 공경하며, 말씀에 순종해야 한다.

2. 하나님을 사랑하라

우리를 위한 하나님의 사랑은 자기의 아들을 십자가에 내어주심으로 나타내 보이셨다. 우리를 죄와 멸망으로부터 구해주시려고 독생자를 아낌없이 죽이신 것이다. 그 사랑으로 우리와의 관계를 사랑의 관계로 만들어 놓으셨다. 그 사랑에 감격하여 하나님을 사랑해야 한다.

3. 하나님을 섬기라

"마음을 다하고 성품을 다하여 네 하나님 여호와를 섬기고"라고 말씀하셨다. 그러면 하나님을 위하여 섬기라고 하신 것일까? 아니다. 우리를 위하심이다. 우리가 하나님을 섬기는 동안에, 하나님을 영화롭게 해드리며, 죄를 멀리 한다. 속된 것으로부터 나를 지키는 것이 된다.

1. 전도대상자

어려서 예수님을 믿었던 사람 ❶
네 길을 여호와께 맡기라

찬송_ 31, 283장 | 성경_ 시편 37:3-6

1. 하나님을 의지하라

하나님께서는 자녀 된 우리들이 자기의 모든 길을 여호와께 맡기고 그를 신뢰하기를 원하신다. 우리는 악인이 형통하고, 여러 가지 모함이나 오해를 받을 때, 원망이나 변명하려 할 필요가 없다. 하나님께서 그 모든 것을 공의롭게 판결해 주실 것을 신뢰해야 한다.

2. 악인을 심판하신다!

하나님은 자기의 모든 길을 위임하고, 여호와를 신뢰하는 자녀들을 위해 악인을 공정하게 심판하신다. 하나님은 자기에게 인생을 맡긴 자를 위해 그들의 의를 밝게 빛나는 햇빛과 같이 드러내어 주신다. 그리고 그들의 의로움을 대낮 같이 밝게 드러내신다.

3. 만천하에 드러나는 의인의 삶

시간이 흐른 후에, 결국 하나님을 의지하고 신뢰한 사람들이 옳았다는 것이 만천하에 알려지게 된다. 나아가 하나님께서 주시는 복을 누리게 된다. 하나님께 자신의 길을 맡긴 자는 그 안에서 확신과 평안을 가질 수 있다. 그러므로 하나님을 신뢰하고 자신의 길을 위임하자.

어려서 예수님을 믿었던 사람 ❷
위로하시는 하나님

찬송_ 36, 288장 | 성경_ 고린도후서 1:3-7

1. 모든 위로의 하나님

바울의 하나님에 대한 고백은 위로하시는 하나님이었다. 그는 자신의 체험에서 '모든 위로의 하나님'이라고 하였다. 하나님께서는 우리에게 이 신앙으로 지내도록 하신다. 성도에게 환난이 있으나 위로도 있다. 그것은 사람의 위로 정도가 아니고 하나님의 도우심의 위로이다.

2. 환란 중에서의 위로

살아온 시간을 돌아볼 때, 하나님께서 우리를 환난 중에서 위로하셨음을 확인하게 된다. 몇몇 환난에서 위로하신 정도가 아니고, 모든 환난 중에서 위로하셨다. 이로써 우리에게는 환난의 고난 속에서 하나님의 위로를 소망하며, 이 땅에서 환난을 통과하게 된다.

3. 위로를 보게 하시는 은혜

우리는 이제, 모든 고난 중에서 하나님의 위로를 보는 복을 누리게 되었다. 그리고 이 신앙으로 어린 자녀들을 키우며, 함께 지내는 성도들을 위로해야 한다. 고난 중에 하나님의 위로를 체험한 자마다 고난을 당하는 다른 성도에게 하나님의 위로를 전해주는 은혜를 본다.

어려서 예수님을 믿었던 사람 ❸
하늘에 있는 우리의 시민권

찬송_ 40, 310장 | 성경_ 빌립보서 3:17-21

1. 믿음으로 경주하는 삶

우리는 하나님의 사람으로 이 땅에서 지내는 동안에, 믿음의 달음질을 잘 하며 경건하고 의롭게 살아가기를 다짐해야 한다. 우리가 믿음의 경주자로 살아야 하는 이유는 우리의 시민권이 하늘에 있기 때문이다. 오늘, 하나님께서는 믿음으로 경주하는 삶을 살기를 바라신다.

2. 우리에게 보장된 천국의 시민권

하나님의 자녀들에게는 천국의 시민권이 보장되어 있다. 예수님을 구주로 믿는 순간에 천국의 시민이 되게 하셨다. 우리는 천국 백성이며, 천국의 시민권을 가졌다. 이것은 얼마나 존귀하고 영광스러운 사실인가? 그러므로 예수님을 믿는 것을 영광스럽게 여기며 살아가야 한다.

3. 영원한 하나님의 나라

우리는 나 자신이 하나님의 사람이라는 사실을 영광스럽게 여겨야 한다. 우리는 언제나 이 땅에서보다 천국의 아름다움을 가슴에 품고 찬송하며 지내야 한다. 지금, 눈에 보이는 것들만 바라보지 말고, 눈에 보이지 않는 영원한 하나님의 나라를 바라보며 살기를 축복한다.

교회를 떠났던 사람 ❶
모든 일들을 행하시는 여호와

찬송_ 12, 303장 | 성경_ 이사야 45:5-7

1. 일을 하시는 하나님

이 땅에는 두 가지의 역사가 있다. 사람의 역사와 하나님의 역사이다. 사람의 역사는 사람이 역사를 움직였다고 쓰지만, 그 역사를 배후에서 이루어 가시는 분은 하나님이시다. 하나님은 역사의 배후에서 사람을 선택하여 일을 하신다. 하나님의 일에 사람이 쓰임을 받는다.

2. 하나님께 쓰임을 받은 고레스

하나님은 이스라엘을 바벨론에서 해방하기 위해 고레스가 하나님을 모르는 왕이지만 그래도 하나님께서는 그를 세워 사용하셨다. 그는 하나님의 계시를 받고, 그대로 순종하여 이스라엘 백성들을 포로에서 해방시키는 일을 하였다. 지금은, 나를 사용하시려는 하나님이시다.

3. 나를 사용하시려는 하나님

하나님께서는 하나님의 일에 우리를 세우시고, 사용하고 계신다. 고레스는 하나님을 모르는 자였으나 하나님이 길을 열어주시고 힘을 주시고 앞길을 평탄케 하셨다. 우리의 인생도 주님께 달려있음을 알아야 한다. 주님의 크신 능력의 손에 온전히 쓰임받기를 사모하자.

1. 전도대상자

교회를 떠났던 사람 ❷

여호와 보시기에 정직한 사람

찬송_ 18, 293장 | 성경_ 열왕기상 15:11-15

1. 여호와께 복 받을 사람

하나님은 하나님을 경외하고 말씀에 순종하는 자에게 복을 주시지만, 말씀에 불순종하고 우상숭배하는 자들은 철저히 징계하신다. 모든 것을 소유했을지라도 하나님을 떠나면 그 인생은 망하게 된다. 그러나 지난날에는 어떠하였을지라도 하나님께로 순종하면 복을 주신다.

2. 하나님께 정직한 아사

아사는 부왕 아비야와는 정반대로 다윗과 같이 여호와 보시기에 정직하게 행하였다. 그는 하나님 앞에서 선과 정의를 행하였다. 그는 하나님 보시기에 옳지 못한 일이라면 인정이나 혈통의 구애를 받지 않고 처리하여 모친의 우상숭배의 죄도 그대로 두지 않고 단속하였다.

3. 하나님을 사랑하라

혹시, 위급한 일을 만났을 때도 사람의 힘을 의지하지 않고, 하나님을 찾아야 한다. 마음을 다하여 하나님께 순종해야 한다. 우리는 하나님 한 분만을 오로지 사랑할 수 있기를 기도해야 한다. 나의 삶을 통하여 하나님이 기뻐하시는 선한 열매를 맺을 수 있기를 소망해야 한다.

교회를 떠났던 사람 ❸

번뇌하여 죽을 지경이라

찬송_ 63, 406장 | 성경_ 사사기 16:1-22

1. 쓰러뜨리려는 유혹

삼손은 들릴라에게 마음을 빼앗기고, 그녀로부터 힘의 신비를 알려달라는 유혹을 받았다. 유혹은 온갖 세상적인 달콤함과 매력으로 끈질기게 다가온다. 그 유혹은 삼손을 고민하게 하였고, 결국 패하도록 하였다. 하나님의 사람이 세상에 마음을 내어주면 유혹을 받게 된다.

2. 사랑으로 탈을 쓴 유혹

들릴라의 유혹은 사랑이라는 가면으로 공격해왔다. 들릴라를 사랑하지 않았다면, 유혹이 없었을 것이다. 삼손이 결정적으로 유혹에 진 것도 이렇게 꾸며진 유혹 때문이었다. 하나님께 구별되어야 함을 저버리게 되자, 그의 영적인 지혜도 흐려져 유혹을 간파하지 못하였다.

3. 수치와 고통을 가져다준 유혹

유혹은 처음에 달콤하고 아름다워 보이지만, 반드시 비싼 대가를 치러야 한다. 유혹에 빠진 삼손의 종말은 어떠한가? 눈이 빠지고 옥중에서 맷돌을 돌리는 수치와 고통을 보게 되었다. 삼손은 그의 머리털이 다시 자라기까지 수치와 고통, 후회의 날을 계속해야만 했다.

새 신자에 대한 권면 ❶

내 평생을 여호와의 집에서

찬송_ 81, 302장 | 성경_ 시편 27:4-6

1. 하나님의 은혜를 구하라

다윗에게는 일생 동안 하나님의 은혜를 묵상하고, 그 은혜를 구하려는 소원이 있었다. 압살롬의 반역으로 피난했을 때, 그는 성전에 거하며 하나님을 바라보기를 원하며, 그 은총을 구할 수 있게 해 달라고 빌었다. 곤경에 처한 그의 마음은 원수를 갚는 일에 가 있지 않았다.

2. 예배하는 삶을 사모하자

다윗의 유일한 소원은 그가 사는 평생 동안 하나님의 전에 거하며, 하나님과 친밀한 교제를 갖는 것이었다. 그가 하나님의 전에 거하기를 원한 것은 하나님께서 환난 날에 그의 피난처가 되어 주심을 믿었기 때문이다. 그는 성전에 깃들일 수 있는 제비와 참새를 부러워했다.

3. 회복시켜 주시는 하나님

하나님은 우리가 환난을 당할 때에 피할 도피성이 되어 주신다. 또한 원수들을 막는 난공불락의 요새가 되신다. 하나님께서는 우리들을 은밀할 곳에 숨겨서 곤경의 바람으로부터 안전하게 지켜 주신다. 그리하여 대적들이 보는 앞에서 다시 영광을 회복시켜 주신다.

2. 신앙생활

새 신자에 대한 권면 ❷
한밤중의 기도와 찬송

찬송_ 66, 300장 | 성경_ 사도행전 16:19-26

1. 언제라도 드릴 수 있는 기도와 찬송

바울은 복음을 전하다가 억울하게 감옥에 갇혔다. 그는 실라와 함께 기도하고 찬송을 올려 드렸다. 감옥에 갇히게 되니 그가 할 수 있는 것은 기도하며, 찬송을 부를 뿐이었다. 때때로 하나님께서는 우리에게 아무 것도 할 수 없게 하셔서 기도하게 하시며, 찬송하게 하신다.

2. 기도와 찬송의 응답

그들의 기도와 찬송에 옥 터에 지진이 나고, 그들을 매었던 것이 풀려졌다. 하나님께서 대신하여 풀어주신 것이다. 하나님께서 우리를 대신하여 일을 해주신다는 것은 소망이 된다. 우리의 삶에 들어오셔서 일을 해 주시려고 기도하게 하신다. 그리고 찬송을 하게 하신다.

3. 하나님의 손을 움직이는 열쇠

기도와 찬송의 성도는 삶의 실패를 경험할 때, 사업에 실패하고, 직장에서 곤고한 일을 당하고, 막막함과 따분함을 경험하게 되어도 하나님께서 손을 움직여 주신다는 소망을 갖게 된다. 내가 기도할 수 있다는 것과 찬송을 할 수 있다는 사실은 나를 위한 하나님의 복이다

2. 신앙생활

새 신자에 대한 권면 ❸
흠을 찾을 수 없는 사람

찬송_ 78, 304장 | 성경_ 시편 17:3-5

1. 입으로 죄를 짓지 않기를 결심하라

다윗은 자신이 입술로 범죄하지 않은 것을 자랑하기를 사모하였다. 그는 입술을 통하여 여호와께 의롭게 살기를 결단하였다. 이는 흠이 없음에 대한 소극적인 태도이다. 예수님께서는 입에서 나오는 것이 더럽다고 하셨다. 말에 실수가 없는 성도는 완전한 사람이다.

2. 하나님의 말씀을 따라 스스로 살라

하나님의 말씀을 따르는 것은 흠이 없음에 이르는 적극적인 태도다. 성경을 우리에게 주심은, "모든 성경은 하나님의 사람으로 온전케 하며 모든 선한 일을 행하기에 온전케 하려 함이니라"(딤후 3:17)에 있다. 다윗과 함께 행위로 범죄하지 않은 것을 자랑으로 삼자.

3. 걸음으로 주의 길을 굳게 지켜라

바울의 고백처럼, "이제 후로는 나를 위하여 의의 면류관이 예비되었다"(딤후 4:8)는 것을 소망해야 한다. 나의 걸음이 주의 길을 굳게 지키는 것이 되기를 구하자. 하나님의 은혜 안에서 믿음을 지키고, 넘어지지 않을 때, 흠이 없는 온전함에 이르는 영광을 취하게 된다.

교회 중심의 생활 ❶

어찌 그리 사랑스러운 교회

찬송_ 27, 298장 | 성경_ 시편 84:1-4

1. 사랑해야 할 교회

다윗은 주의 장막이 사랑스럽다고 하였다. 우리는 교회를 사랑해야 한다. 교회를 바라볼 때, 어찌 그리 사랑스러운가를 느끼고, 고백을 드려야 한다. 교회를 향한 사랑이 바로 하나님께 바치는 사랑이기 때문이다. 하나님께서 우리를 만나 주시고, 예배를 받으시는 교회이다.

2. 사모하고, 사모해야 할 교회

하나님과 함께 하기를 원한다면 교회로 와야 한다. 교회에서 하나님을 찾을 때, 만나주시고, 함께 하신다. 다윗과 같이 여호와의 궁정을 사모하는 열심을 가져야 한다. 참새도 제 집이 있고, 제비도 새끼를 둘 보금자리가 있듯이 교회는 영원히 사모해야 할 나의 집이다.

3. 복이 있음을 고백하는 교회

교회는 하나님을 예배하기 위해서 세상으로부터 구별된 장소이다. 성도들이 모여 여호와의 은총에 감사하고, 그 이름을 찬송한다. 교회에서는 언제나 여호와의 이름에 합당한 찬송을 올려드려야 한다. 사람의 즐거움이나 하나님의 영광과 관계없는 일들을 해서는 안 된다.

교회 중심의 생활 ❷

은혜로운 길들이기

찬송_ 13, 369장 | 성경_ 야고보서 3:7-12

1. 하나님의 자녀로 길들여져야

우리는 이 땅에 살면서 하늘나라의 시민이요, 하나님의 자녀이다. 그렇다면, 우리는 천국의 백성답게 살아야 할 것이다. 천국의 백성이 되기 위하여 하나님의 자녀로 길들어져야 한다. 자녀라면 응당 부모를 닮는 것처럼 하나님 아버지를 닮기를 소원하여 그렇게 살아야 한다.

2. 신앙으로 길들여져야

집에서 기르는 애완동물은 사람의 유익을 위하여 길들인다. 우리가 하나님의 자녀로 살기를 원한다면 신앙으로 자기를 길들여야 한다. 믿음으로 살아간다는 것은 곧 하나님의 자녀로 산다는 것과 같다. 주님께서 하나님의 아들로서 사셨던 그 삶을 나의 것으로 여겨야 한다.

3. 교회생활에 길들여져야

교회는 장차 이루어지게 될 천국에서의 생활에 대한 훈련 장소이다. 교회를 중심으로 사는 것은 배우고, 익혀서 자신을 거기에 맞추어야 한다. 주일을 성수하는 것도 길들여져야 주일을 거룩하게 지키게 된다. 교회 생활에 자기를 길들이는 것은 이 땅에서의 과제이다.

교회 중심의 생활 ❸
부르심과 택하심을 굳게 하라

찬송_ 17, 349장 | 성경_ 베드로후서 1:5-10

1. 우리를 부르시고, 택하시는 하나님

우리는 하나님의 부르심과 택하심을 굳게 해야 한다. 하나님께서는 구원하시기로 예정해 주신 자들을 부르신다. 만일, 이 부르심에 대한 확실한 믿음을 가진다면 우리의 구원에 대해 확신을 가질 수 있다. 택하심이란 하나님이 우리를 택하셨다는 하나님의 예정을 가리킨다.

2. 구원에 이르게 하는 부르심과 택하심

부르심과 택하심은 하나님의 구원 섭리에 대한 양면을 설명하는 말이다. 하나님의 부르심이 있다면 그것은 하나님의 택하심이 있었다는 증거요 하나님의 택하심이 있다면 그 사람들에 대한 부르심이 반드시 있다. 오늘, 부르심과 택하심의 은혜로 구원에 이르렀음에 감사하자.

3. 보배롭고 큰 약속

하나님은 우리의 구원을 위해서 보배롭고 큰 약속으로 부르셨다. 그리고 이 약속으로 부르시기 위해 창세 전에 그리스도 안에서 우리를 택정하셨다. 이런 믿음을 가지고 살아간다면 어떤 고난이 와도 그 고난으로 실족하지 않는다. 부르심과 택하심을 받았음을 확신하자.

성도와의 교제 ❶
마음을 같이하는 지체들

찬송_ 95, 292장 | 성경_ 사도행전 2:42-47

1. 모이기를 원하는 무리

구원 이후에, 하나님의 은혜는 성도들의 친교를 그리워하게 한다. 다락방에 120여 명의 성도들이 모였던 것은 성령님의 역사였다. 성령님의 감동하심에 따라 모이기를 즐거워해야 한다. 주 안에서의 친교는 하나님과 성도간의 온전한 관계를 이루어 교회를 교회 되게 한다.

2. 가르침을 사모하는 무리

지체들은 한 마음으로 하나님의 말씀을 받아야 한다. 초대 교회의 성도들은 사도들에게서 가르침을 받고, 함께 교제하며 떡을 나누었다. 하나님의 말씀이 없는 교제는 사랑의 공동체를 만들지 못한다. 진리 안에서 한 지체가 된 것을 경험하고, 서로의 필요를 채워주게 된다.

3. 서로 섬기는 무리

초대 교회의 신비는 모든 물건을 서로 통용하고 재산과 소유를 팔아 각 사람의 필요에 따라 나눠줌에서 나타났다. 성도들은 서로 섬기고, 필요를 채워주는 사랑을 경험하였다. 우리는 지체를 섬기는 것을 즐거이 여겨야 한다. 그때, 교회는 불신자들에게도 칭찬의 대상이 된다.

성도와의 교제 ❷
교회를 위한 간구

찬송_ 23, 448장 | 성경_ 에베소서 3:14-19

1. 속사람이 강건하기를

바울은 에베소 교회를 위해 간구하면서 속사람이 강건하기를 빌었다. 속사람은 곧 영혼을 가리키는 것으로 교회에서 경험되어야 할 은혜이다. 우리는 교회 안에서 영혼의 강건함에 소원을 두어야 한다. 우리가 교회를 이루면서 속사람의 성장을 위하여 서로 격려해야 한다.

2. 그리스도께서 마음에 계시기를

바울은 로마서에서 쓰기를, 그리스도의 영이 없으면 그리스도의 사람이 아니라고 하였다. 질그릇에 보배를 담는 것처럼 성도는 연약하지만 주님께서 마음에 계신다. 성도는 예수님께서 그의 마음에 계셔서 우리의 주인이 되어, 나를 주님의 다스림에 맡겨야 한다.

3. 뿌리가 박히고 터가 굳어지기를

나무는 뿌리를 잘 내려야 튼튼하고 열매를 많이 맺는다. 터는 잘 다져져야 집이 무너지지 않는다. 우리는 교회 안에서 서로를 도전하여 믿음을 굳건히 하도록 격려해야 한다. 믿음의 터가 굳어져야 신앙의 열매를 많이 맺을 수 있고 우리의 믿음이 무너지지 않게 된다.

2. 신앙생활

성도와의 교제 ❸
내 친구와 내 형제처럼

찬송_ 34, 221장 | 성경_ 시편 35:12-14

1. 등을 돌리는 사람들

다윗이 곤경에 처하게 되자, 모두 그에게서 등을 돌렸다. 부모와도 떨어져 지내야 했고, 아내 미갈과도 헤어졌으며, 요나단과도 이별해야만 했다. 사울의 왕궁에서 다윗과 함께 하던 이들도 멀어져만 갔다. 그의 대적들이 선을 악으로 갚아 그의 영혼을 고독하고 외롭게 하였다.

2. 선한 행동을 잃지 말라

다윗은 그의 친구들이 병이 들었을 때에 굵은 베옷을 입고 금식하며, 그의 마음을 겸허하게 하여 그들의 아픔이 동참했었다. 그는 친구들의 슬픔을 자기 슬픔처럼 생각했으며, 그들의 아픔을 자기의 아픔으로 생각했고, 그들의 죄를 자기의 죄인 것처럼 알고 회개했다.

3. 친구가 되어주라

다윗은 친구들이 어려움을 당할 때에 마치 친한 친구와 형제처럼 대했다. 그는 이웃이 아픔을 당할 때에 엄숙하고 더딘 걸음으로 걸었으며, 그들의 고통을 생각하며 머리를 숙였다. 그는 그들이 어려움을 당할 때에는 마치 어머니를 잃고 슬퍼하는 것처럼 깊이 슬퍼하였다.

제직으로서의 봉사 ❶
빌립보 성도들을 위한 기도

찬송_ 28, 403장 | 성경_ 빌립보서 1:1-11

1. 성도들을 하나님께 부탁한 바울
바울은 하나님께서 빌립보 교회를 돌보실 것을 믿고 소망하였다. "그 풍성한 대로 너희 모든 쓸 것을 채우시리라"(빌 4:19). 그는 하나님께서 자신의 기도를 들으시며, 성도들을 지켜주실 것을 믿었다. 성도를 위해 무릎을 꿇게 하시려고 염려를 느끼게 하시는 하나님이시다.

2. 기쁨으로 간구하는 바울
바울의 빌립보 성도들을 생각함에는 항상 기쁨이 있었다. 그는 복음을 전하는 과정 속에서 온갖 고난을 겪었지만, 그 시간에 하나님께서 은혜를 주셨기 때문에 기뻐하였다. 성도를 위해서 간구하게 하시는 하나님을 찬양하자. 나의 기도만큼 자녀의 앞날에 형통함이 열린다.

3. 소원에 넘쳐 간구하는 바울
바울은 성도들의 사랑이 자라며, 그들이 지극히 선한 것을 분별할 수 있기를 소원하였으며, 주님으로 말미암아 의의 열매가 가득하여 하나님의 영광과 찬송이 되기를 원하였다. 성도에 대하여 기대를 품게 하시는 하나님 앞에서 그를 위하여 간구하는 무릎을 꿇는 종이 되자.

2. 신앙생활

제직으로서의 봉사 ❷
범사에 예수 그리스도로 말미암아

찬송_ 28, 451장 | 성경_ 베드로전서 4:10-11

1. 은혜를 맡은 사람

제직은 교회 안에서 하나님의 은혜를 맡은 청지기의 한 사람이다. 무엇이든지 은혜로 여기고, 성도들을 섬길 때, 청지기의 수고로 교회가 세워져 간다. 우리는 자기의 분량에 대해 올바르게 이해하고, 충실하도록 힘써야 한다. 주를 기쁘시게 하는 생활이 되도록 섬김을 다하자.

2. 주를 나타내도록

청지기는 자신을 나타내려고 힘써서는 안 된다. 자기에게 일을 맡기신 주를 나타내도록 힘써야 한다. 스스로 영광을 취하려는 자들은 좋은 청지기가 될 수 없다. 좋은 제직이 되려고 하면 자신을 주님의 뒤로 감추는 지혜가 필요하다. 자기 이름을 내려는 유혹을 거절하자.

3. 영광을 하나님께

제직의 최선은 영광을 하나님께 돌리는 것이다. 바울은 가장 많은 일을 했으면서도 철저히 자신을 낮추고 하나님께 영광을 돌렸다. 교회의 직분을 맡은 모든 이들은 바울을 본받도록 힘써야 한다. 오직 은혜로 직분을 감당하고 영광을 주께 돌리는 선한 청지기가 되자.

제직으로서의 봉사 ❸
그리하면 복이 네게 임하리라

찬송_ 84, 223장 | 성경_ 욥기 22:21-23

1. 하나님과 화목하고 평안하라

여호와께 복 된 인생이 되려면 하나님과 바른 관계를 가져야 한다. 우리에게 환난이 닥치는 것은 사실, 하나님과의 관계가 잘못되어서 이다. 하나님께 순종하지 않으면 화가 닥쳐온다. 하나님과 올바른 관계를 맺어야 한다. 하나님께서 나를 인정해 주실 때, 삶이 평안하다.

2. 하나님의 사자의 교훈을 받으라

하나님께서는 자기 백성을 향하신 뜻을 사람을 통해서 말씀하신다. 그래서 구약의 선지자들을 하나님의 입이라고 하였다. 오늘날, 교회의 경우에는 주의 종들을 세워서 말씀의 전달자로 삼으셨다. 하나님께서 세우신 종들을 통해서 선포되는 말씀을 진실하게 받아야 한다.

3. 하나님께로 돌아가라

부모와 함께 여행길에 나선 자녀가 부모의 말을 따르지 않고, 잡고 있던 부모의 손을 거절하면 여행이 괴롭고 화가 된다. 그러므로 우리가 어려운 문제에 봉착했을 때, 하나님께로 돌아가야 한다. 하나님은 탈선했다가 귀향하는 모든 탕자들을 반기시고 복을 내려 주신다.

신앙에 회의를 품음 ❶

끝이 오리라

찬송_ 10, 430장 | 성경_ 마태복음 24:15-24

1. 종말에 대한 영적인 깨달음

성도는 세상에서 살면서 동시에 하나님의 시간에 주의를 기울여야 한다. 우리의 삶은 예수님의 재림을 기다리면서 하나님의 자녀로서의 충성된 삶이어야 한다. 하나님의 시간에는 종말이 있고, 세상의 심판을 위해서 주님께서 재림하시므로 종말에 대하여 예민해야 한다.

2. 종말의 경고를 들으라

종말의 시간에, 산으로 도망하라고 하셨다. 유대인들에게 있어서 산은 하나님께서 계신 곳으로 여겨졌다. 산에는 성소가 있고, 하나님은 자기 백성을 만나주신다. 밭에 있는 자는 겉옷 때문에 뒤로 돌아가지 말라고 하셨는데, 세상의 사사로운 것에 욕심내지 말라는 말씀이다.

3. 거짓 그리스도의 미혹

종말이 가까우면 여기, 저기에서 자칭 그리스도라는 자들이 나타나서 성도를 미혹한다. 자칭 성경적인 교회라 하면서 기성 교회와 성도들을 미혹해서 교회를 무너뜨리고, 성도들을 이단에 빠지도록 한다. 거짓 선지자들이 나타나서 표적과 기사로 택하신 자들도 미혹한다.

신앙에 회의를 품음 ❷
복이 있는 사람

찬송_ 82, 415장 | 성경_ 시편 128:1-6

1. 여호와를 경외하라

우리가 목표해야 할 모습은 하나님의 나라에 속한 그리스도인이다. 하나님의 나라에 속한 자는 자기의 삶에서 여호와를 경외하고, 그를 섬기며 살아간다. 여호와를 경외하는 것은 복을 받는 시작이 된다. 사랑하는 하나님이시기에 그의 말씀을 즐겁게 여기고 순종하게 된다.

2. 복되고 형통하리라는 약속

하나님께서는 자기를 경외하는 자녀에게 복을 약속하셨다. 그 복은 자신의 손으로 수고한 대로 먹게 하신다는 것이다. 실패가 없는 성공이 보장된 삶을 약속하셨다. 그리고 아내와 자녀들과 함께 즐겁게 지내게 하신다고 하셨다. 이는 가정의 행복과 평안에 대한 약속이다.

3. 시온에서부터 흘러내려오는 복

여호와를 경외하고, 말씀에 순종하는 자에게 주시는 하나님의 응답은 시온에서부터 복을 받게 하심이다. 이는 영적인 복을 의미한다. 시온은 하나님께서 좌정해 계신 자리이다. 시온의 복을 받으므로 하나님 앞에서 평생의 삶이 복된 생애가 되고, 장수하는 복도 약속을 받는다.

신앙에 회의를 품음 ❸
모든 선한 일에 예비함이

찬송_ 38, 546장 | 성경_ 디모데후서 2:20-21

1. 죄와 불의를 멀리해야

하나님 앞에서 존귀한 성도가 되려면 죄와 불의를 철저히 멀리해야 한다. 죄와 불의를 가까이 하면 존귀한 도구가 되지 못한다. 죄를 멀리할 때, 하나님께서 가까이 해준다. 그리고 불의를 거절할 때, 성령님께서 거룩함으로 능력을 더하신다. 죄와 불의에 민감하라.

2. 주의 도움을 의뢰해야

사람이 살아가는 방법으로 삶의 태도를 나눈다면 사람 중심형과 하나님 중심형이 있다. 우리는 하나님의 도움을 의뢰하는 삶을 선택해야 한다. 하나님의 도움을 의뢰하는 사람이 여호와 앞에서 존귀하게 세워진다. 어떤 분야에서 무슨 일을 하든지 주의 도우심을 의뢰하라.

3. 주의 상급을 소망해야

존귀한 존재가 되기를 희망할진대 주의 상급을 바라보도록 해야 한다. 우리는 언제든지 이 세상이 악한 자 안에 처해 있다는 것과 이 세상 형적이 지나간다는 것을 명심해야 한다. 하나님께서 나에게 주실 상급을 바라보고, 사람들 앞에서도 존귀하게 여겨지기를 소망하라.

교회를 멀리함 ❶

여호와를 신뢰하고 인정하라

찬송_ 12, 209장 | 성경_ 잠언 4:1-4

1. 마음에 새기라

하나님의 말씀을 마음에 새길 때, 믿음이라는 물이 고인다. 하나님의 자녀는 여호와께서 인생에게 주신 교훈을 마음에 새겨야 한다. 마음은 인간의 감정과 행동, 사상의 원천이 되는 자리다. 하나님의 말씀에 대한 전인격적인 순종과 적극적인 수호를 마음에 간직해야 한다.

2. 말씀을 따르라

사람은 자기의 행위로 자신을 증거하므로 하나님의 말씀에 순종해야 한다. 우리는 하나님의 말씀에 대한 소극적인 권고(잊어버리지 말고)와 적극적인 권고(지키라)를 따라야 한다. 이스라엘 백성에게 가장 큰 복은 하나님께서 약속하신 땅에서 오랫동안 행복하게 사는 것이었다.

3. 자신을 포기하고 하나님께 맡기라

하나님께서는 마음을 다하여 여호와를 신뢰하는 자와 함께 하신다. 하나님께 자신을 맡길 때, 함께 하시고, 인생을 인도해 주신다. 이 은혜를 통해서 그는 하나님과 사람 앞에 인정받게 된다. 성도는 삶의 영역에서 발생하는 일들이 하나님의 뜻에 합당한가를 살펴야 한다.

교회를 멀리함 ❷
마음을 새롭게 함으로

찬송_ 33, 540장 | 성경_ 로마서 12:2

---

1. 이 세대를 본받지 말아야

바울 당시의 세대는 성도들에게 좋은 환경이 아니었다. 지금도 우리가 사는 세대는 성도들에게 유익하지 못하다. 인간의 세대는 거룩하지 못하고, 경건하지 못하고, 죄악 된 세상일 뿐이다. 지금도 우리는 바울의 권면을 받아 이 세대를 본받지 않도록 주의해야 한다.

2. 마음에 변화를 받아야

우리는 예수님의 십자가 아래에서 새로운 피조물이 되었다. 옛 사람은 죽고 새 사람, 하나님의 자녀가 되었으니 변화를 받아야 한다. 하나님 나라의 거룩한 백성이라 일컬어지게 되었다. 그러므로 하나님의 자녀답게 변화를 받아야 한다. 우리의 마음에 천국을 소유해야 한다.

3. 하나님의 뜻을 잘 분별해야

하나님의 자녀가 되었다는 것은 신분상의 변화와 함께 인격의 변화를 의미한다. 이제, 하나님을 아버지라 부르게 되었으니 아버지가 누구이신지를 알아야 한다. 나를 향하신 하나님의 뜻을 깨달아 그 뜻을 이루어 드려야 한다. 하나님의 생각과 마음을 을 잘 분별해야 한다.

교회를 멀리함 ❸
거룩함에 흠이 없게

찬송_ 25, 208장 | 성경_ 데살로니가전서 3:11-13

1. 마음을 굳게 하기를 기도하라

바울은 주께서 데살로니가 교인들의 마음을 굳세게 해주시기를 간구하였다. 주님의 재림을 기다리는 자들은 말씀으로 마음을 굳게 해야 한다. 만일, 우리의 마음이 연약해지면 사탄이 참소하여 우리를 더럽힘으로 내던지게 한다. 또는 다른 교훈을 받아 타락하게도 한다.

2. 마음을 굳게 해 주는 교회

우리에게 하나님을 사랑하고, 마음을 굳게 하도록 해주는 울타리가 있는데 바로 교회이다. 자녀들은 집에서 지내면서 부모의 사랑과 보호를 받고, 부모를 더욱 사랑한다. 그것처럼 우리는 하나님의 집인 교회에서 마음을 굳게 하게 된다. 이로써 죄를 이기고 의를 행하게 된다.

3. 거룩함에 흠이 없기를 사모하라

교회는 주님께서 다시 오시는 그날까지 우리가 머물러 있어야 하는 처소다. 교회에서 흘러나오는 은혜로 말미암아 우리는 자기를 굳게 하게 되며, 세상에 대하여 죄를 물리치게 된다. 주님의 재림 때, 영광스러운 부활의 몸을 입는 복에 참예하기를 소망하는 우리가 되자.

주일의 예배가 싫어짐 ❶
나의 행보를 주의 말씀에

찬송_ 94, 210장 | 성경_ 시편 119:129-133

1. 자신의 우둔함을 깨달으라

우리의 어리석음은 때때로 죄를 죄로 보지 못하게 한다. 성도가 하나님의 뜻에 따라 살기를 원하면서도 죄를 짓게 되는 것은 어리석기 때문이다. 우리는 자기를 즐겁게 해 주는 것을 따르는 성향을 갖고 있다. 그러나 자기를 즐겁게 하는 것들의 대부분은 죄와 연결되어 있다.

2. 말씀을 사모하고, 갈급해하라

우리가 죄로부터 자유하려면 하나님의 말씀으로 자기를 깨달아야 한다. 우리의 어리석음은 다른 것으로 고칠 수 없다. 다윗은 주의 계명을 사모함으로 입을 열고 헐떡였다고 하였다. 이 세상에 그 어떤 것보다 말씀을 귀하게 여기고 사모하는 갈급함이 있어야 한다.

3. 말씀에 삶의 기초를 놓으라

마음을 죄악이 주관치 못하게 하려면 하나님의 말씀이 나를 주관해야 한다. 하나님의 말씀이 내 삶을 받쳐주지 못하면 우리의 삶은 죄악이 주관하게 되어 있다. 내 모든 삶의 뿌리가 말씀에 닿아 있어야만 우리의 마음이 안정되고, 죄악에 흔들리지 않고, 견고하게 된다.

주일의 예배가 싫어짐 ❷
하나님 여호와께로 돌아오라

찬송_ 69, 219장 | 성경_ 호세아 14:1-3

1. 여호와를 찾게 하시는 하나님
"이스라엘아 네 하나님 여호와께로 돌아오라"고 하였다. 하나님을 멀리 하고 세상과 우상을 가까이 한 일에서 떠나야 한다. 자기의 길에서 떠날 때, 은혜의 시작이 된다. 그리고 하나님을 믿고 사랑하며, 사모해야 한다. 하나님의 손을 붙잡는 것만이 인생에게 소망이 된다.

2. 돌아오게 하시는 하나님
"너는 말씀을 가지고 여호와께로 돌아오라" 하였다. 우리는 하나님의 사랑과 초청에 근거하여 하나님 앞으로 나아가야 한다. "아뢰기를 모든 불의를 제하시고 선한 바를 받으소서 하라" 하셨다. 죄를 회개하고, 하나님께로 돌아온 선한 행실을 귀하게 여겨달라고 간구하자.

3. 긍휼을 베푸시는 하나님
"고아가 주께로 말미암아 긍휼을 얻음이니이다"라고 하였다. 우리는 고아의 신세 같은 자신을 거두어 달라고 기도함이 마땅하다. 하나님께로 돌아가면 믿음이 더 좋아진다. 하나님의 보호를 받으면 하나님과 더 가까워지며, 곡식 같이 소성하게 되는 영적인 복이 임한다.

주일의 예배가 싫어짐 ❸

갈 바를 알지 못하고

찬송_ 27, 207장 | 성경_ 히브리서 11:8-10

1. 절대 순종

아브라함은 믿음으로 하나님의 부르심과 명령에 순종하였다. 인간은 하나님의 명령에 절대 순종해야 한다. 자녀들은 부모님의 명령에 순종해야 한다. 이처럼 우리가 하나님의 명령에 복종하는 것은 지극히 당연한 의무이다. 하나님께 절대 순종하는 생애를 살기를 소원하자.

2. 절대 확신

아브라함은 하나님의 명령대로 그가 지시할 땅으로 가고자 했을 때 갈 바를 알지 못하고 나갔다. 이것이 믿음의 순종이다. 하나님의 명령에 순종하여 미지의 세계로 걸음을 내디뎠다. 그것은 순전히 믿음의 걸음이었다. 우리는 이 땅에서 사는 동안에 믿음으로 살아야 한다.

3. 절대 소망

구원을 받은 우리의 신앙생활, 교회생활도 아브라함과 입장이 비슷하다. 우리는 아직 나그네 생활을 하고 있다. 천국은 아직 미래의 일이다. 아직 우리는 장막을 펼치고 접는 생활을 반복한다. 그러나 우리가 천국으로 들어가면 더 이상 이동이 없는 영원한 집을 얻을 것이다.

헌금에 인색함 ❶

위의 것이냐, 땅의 것이냐?

찬송_ 77, 222장 | 성경_ 골로새서 3:1-4

1. 위의 것을 찾으라

사람은 자신이 관심을 갖고 있는 것을 찾게 된다. 가령, 재물에 관심을 가지면 더 많은 재물을 얻으려 한다. 우리가 하나님의 자녀라면 하나님을 찾아야 한다. 하나님을 찾기 위해서 때로는 내게 있는 재물도 사용되어져야 한다. 이때, 재물은 하나님을 사랑함의 증거가 된다.

2. 위의 것을 생각하라

자녀는 부모가 자기에게 바라는 모습을 갖추려 한다. 누가 어떤 사람의 자녀라는 것은 그가 누구를 생각하고 지내느냐로 증명된다. 우리는 여기에서 살아가지만 하나님의 자녀이므로 하늘의 하나님께 마음을 두고 지낸다. 세상의 어떤 것도 하나님의 자리를 대신하지 못한다.

3. 땅의 것을 생각하지 말라

우리가 땅의 것만 생각하면 하늘의 것을 놓치게 된다. 나아가서 하늘의 것을 찾고 생각해야 하는 시간을 놓치고 만다. 하나님의 자녀로서 여호와 앞에서 온전하려면 땅의 것에 매여서는 안 된다. 하늘의 것을 얻기 위해서라면 성령님의 뜻을 좇아서 땅의 것은 버려져야 한다.

헌금에 인색함 ❷
복을 주신 대로 헤아려

찬송_ 22, 218장 | 성경_ 신명기 16:9-12

1. 하나님께서 복 주신 것을 감사

지금까지 생명을 허락하신 것과 가정을 주신 것, 일할 수 있는 재능과 재물 주신 것에 감사해야 한다. 베풀어 주신 은혜를 헤아려 감사하자. 우리의 생명을 보호해 주시고, 자녀를 주신 것을 감사해야 한다. 사람에게 감사하는 마음이 없어지면 사람은 미련해지고 우둔해진다.

2. 힘을 다하여 하나님께 감사드림

하나님께 감사할 때는 힘을 다해, 힘에 부치도록, 부담이 되도록 감사드려야 한다. 부담이 되지 않는 감사는 진정한 감사가 아니다. 자신의 전부를 드리는 감사여야 한다. 하나님의 뜻에 따라 범사에 감사하면 지혜롭게 된다. 여호와의 이름에 합당한 감사를 드리는 성도가 되자.

3. 자원하여 하나님께 예물을 드림

헌신과 봉사를 하면서 자원하는 마음으로 하는 것이 감사의 바른 표현이다. 하나님의 은혜를 생각하면서 내게 있는 예물을 드려 즐거운 마음으로 감사해야 한다. 우리는 하나님의 은혜에 감사하여 최상의 것을 드리기 위해서 기도하며, 예물을 드리기를 즐거워해야 한다.

헌금에 인색함 ❸
풍성한 은혜-그리스도 안에서

찬송_ 16, 211장 | 성경_ 에베소서 1:7-12

1. 갚을 수 없는 구속의 은혜
영원히 갚을 수 없는 구속의 은혜를 받았다. 이에, 항상 감사해야 할 가장 큰 이유는 예수님을 통해서 죄로부터 구원하셨기 때문이다. 하나님께서는 독생자 아들의 피라는 가장 비싼 값을 지불하시고 우리를 사셨다. 우리는 감사함으로 하나님께 영광과 찬송을 드려야 한다..

2. 감사가 넘치도록
분에 넘치게 부어 주시는 지혜와 총명을 누리게 되었다. 우리는 지혜와 총명을 부어 주시는 하나님께 항상 감사해야 한다. 기독교의 진리가 구속함을 받은 사람들에게는 하늘의 지혜로 단순하게 이해되는 은혜를 누린다. 범사에 감사로 하나님의 이름에 영광이 되어야 한다.

3. 생명의 풍성함
부족함에도 여전히 쓰시는 하나님의 사랑을 즐거워한다. 쓰임을 받는 자들에게는 세상이 주지 못하는 기쁨과 신령한 복을 부어 주신다. 예수님의 능력이 우리에게 머물러 죄를 이기게 하심을 즐거워하게 하셨음에 예물을 드려 감사해야 한다. 결코 감사에 인색하지 말라.

3. 신앙의 낙심

부교역자의 가정 ❶

포악함이 땅에 가득하므로

찬송_ 11, 430장 | 성경_ 창세기 6:9-14

1. 여호와께 은혜를 입다

하나님의 은혜는 값없이 거저주시는 하나님의 선물이다. 당시에, 세상 사람들은 죄악에서 살고 있었으나 노아는 거룩한 성도가 되는 은혜를 입었다. 성도란 죄악 세상에서 특별히 구별하여 거룩한 부르심을 받았다는 뜻이다. 세상의 죄악에 빠지지 않고 사는 것이 큰 복이다.

2. 사명이 주어지다

하나님께서 세상을 심판하시려 작정하시면서 노아에게 방주를 만들도록 하셨다. 그러므로 이 심판은 노아에게 구원을 위한 심판이 되었다. 노아와 그의 가족에게 심판과 구원의 하나님을 보여주시기 위함이셨다. 이에, 방주를 짓게 하셨다. 노아는 인내하며 이 사명을 지켰다.

3. 순종으로 사명을 완수하다

하나님께서 노아에게 큰 사명을 잘 감당하도록 도우셨다. 그는 하나님의 말씀이 반드시 이루어 질 것을 믿었다. 그리하여 방주를 짓되, 하나님의 지시하심 그대로 만들었다. 우리의 인생은 하나님의 설계도대로 살아가야 한다는 것을 알아야 한다. 하나님께서 함께 하신다.

4. 교회 직원의 가정

부교역자의 가정 ❷

벧세메스로 가는 두 암소

찬송_ 15, 432장 | 성경_ 사무엘상 6:10-12

1. 사명자로 부름 받은 영광

하나님의 법궤를 메는 것은 제사장들이나 하는 영광스러운 일이다. 법궤는 오늘날에, 교회를 상징한다. 이 교회에서 예배하며 섬기며 받들어 섬기는 사명을 상징해 준다. 예수님께서 십자가에 죽으심으로써 휘장이 갈라지고, 거룩한 사역에 부름을 받은 영광의 직분이다.

2. 울면서 앞만 보고 가라

암소는 벧세메스 길로 바로 행하였다. 이 길은 하나님의 길이다. 암소가 벧세메스 길로 갔다는 것은 오늘, 내가 가야 할 사명의 길에 대한 교훈이다. 바울은 운동장에서 달음질 하는 자들이 앞만 바라보고 달려가듯이 가야 한다고 하였다. 선택되었으니 전진하는 은혜를 구하자.

3. 멍에를 보지 않는 두 소

두 마리의 소가 같이 가는 영광을 보여준다. 같은 비전, 같은 목적, 같은 마음으로 갔다. 그러나 동시에 억지로 끌어다가 멍에를 메운 고통이다. 벧세메스의 소는 우리에게 사명자의 가는 길이 영광과 함께 고난의 길라는 것을 가르쳐 준다. 고난을 원하면 영광이 따른다.

4. 교회 직원의 가정

부교역자의 가정 ❸

교회의 일꾼 된 것은

찬송_ 21, 437장 | 성경_ 골로새서 1:24-29

1. 주께 대한 사랑

바울이 주와 나누는 괴로움을 기쁘게 여겼던 것은 예수님을 향한 그의 사랑을 잘 보여준다. 그 고난의 정도가 아무리 크고 심각할지라도 주를 사랑하는 사람들은 이를 피하지 않는 법이다. 주님께 대한 사랑의 표현은 고난에 동참하는 생활을 통해서만 진실하게 드러난다.

2. 주께 대한 소망

바울은 예수님께 소망을 둔 사람이다. 교회의 일꾼에게 요구되는 것은 주를 향한 소망이 견고해야 함이다. 일군이 되었다는 것은 하나님의 영광을 위하여 구별되었다는 것이다. 일꾼으로 사는 것은 고난이 따른다. 이때, 주께 대한 소망을 품고 자기의 직무에 헌신해야 한다.

3. 주께 대한 충성

바울이 주와 괴로움을 함에 나누는 것은 교회를 위한 충성으로 입증되었다. 참 일꾼은 교회가 어떤 형편 가운데 있든지 자기 자리를 충실하게 지키는 사람이다. 교회의 유익을 위하여 최선을 다해야 한다. 예수님을 향한 충성을 보이며, 교회를 섬기는 일꾼이 되자.

장로의 가정 ❶
장로들에게 권하노니

찬송_ 26, 469장 | 성경_ 베드로전서 5:1-4

1. 함께 장로 된 자
장로는 하나님의 교회를 위하여 부름을 받은 종이다. 따라서 이미 장로로 기름 부음을 받은 종들과 함께 하게 된다. 이에, 장로는 자기보다 먼저, 장로가 된 이들과 함께 하고, 멀리는 성경에 기록되어 있는 장로들과 함께 해야 한다. 그들로부터 배워서 직무를 감당해야 한다.

2. 그리스도의 고난의 증인
장로의 교회에서의 역할은 예수님의 십자가에서 죽으심과 사흘 만에 부활하셨음에 대한 중인이어야 한다. 교회가 예수님의 증인된 사명에 소홀하다면 주님의 교회라 할 수 없다. 주님의 몸 된 교회를 치리하는 장로들에게 가장 절실하게 요구되는 것은 그리스도의 증인이다.

3. 하나님의 영광에 참여할 자
장로에게는 개인적으로 주님의 뜻을 분별할 수 있는 능력과 이를 좇는 순종의 생활이 요구된다. 철저하게 자신의 생각이나 욕심을 버리고 즐거운 뜻으로 직분을 감당해야 한다. 세속과 타협하는 생활은 주를 기쁘시게 못함을 깨닫고, 하나님의 영광에 소망을 두어야 한다.

4. 교회 직원의 가정

장로의 가정 ❷
피로 사신 교회를 보살피게

찬송_ 32, 465장 | 성경_ 사도행전 20:28-35

1. 하나님이 세우신 감독

예수님께서는 자기 교회를 위하여 장로를 세우시기를 만족해 하셨다. 이 귀한 직분은 오직 기름 부으심으로 세워지는데, 사람이 원한다 해서 받을 수 없다. 교회를 치리하고 감독해야 할 중책이 맡겨진 종이다. 교회의 모든 일을 처리함에 있어서 하나님의 뜻을 좇도록 힘써야 한다.

2. 깨어 기도하기를 힘써야

교회에서 감독의 위치는 그 책임의 비중이 증가될수록 능력이 따라야 한다. 그리고 예수님을 닮은 지도력이 나타나야 한다. 하나님의 양 무리에 대한 책임을 맡았기 때문에 늘 기도하기를 힘써야 한다. 이 직분은 개인적으로 감당하기가 힘들기에 기도로 직무를 감당해야 한다.

3. 약한 자들을 도와야

교회의 유익을 위해서 자기의 권한도 포기한 바울은 장로의 표상이다. 그는 자신의 권한을 포기하고 할 수 있는 대로 섬기는 자리에 서려 하였다. 장로는 어른이면서도 낮은 자리에 서야 하고, 감독자이면서도 특별히 약한 지체들을 섬기는 자가 되도록 힘써야 한다.

장로의 가정 ❸

미쳤다는 오해를 받으면서까지

찬송_ 36, 454장 | 성경_ 사도행전 26:24-29

1. 예수님을 만났기 때문에

우리는 신약성경에서 예수님을 만난 사람들이 변화된 특징을 발견하게 된다. 예수님을 만났던 이들은 주님께 미치지 않을 수 없었다. 바울은 예수님을 만나고 나서, 주님께 대하여 미쳤다는 소리를 듣기에 이르렀다. 그는 예수님을 가리켜, 보배라고 하였다.

2. 주님의 사랑 때문에

바울은 자기를 미쳤다고 말하는 이들에게 이렇게 대답하였다. "우리가 만일 미쳤어도 하나님을 위한 것이요 만일 정신이 온전하여도 너희를 위한 것이니 그리스도의 사랑이 우리를 강권하시는 도다." 그는 자신의 생명까지 주신 주님의 사랑에 미칠 수밖에 없었다.

3. 보이지 않은 것을 보았기 때문에

바울은 남들이 보지 못하는 하나님의 세계를 보았다. 그는 삼층 천에 가서 말할 수 없는 말을 들었다. 눈이 있어도 보지 못하던 바울이었지만, 영적인 눈을 뜨고 하나님의 신비로운 세계를 보았다. 신비로운 하나님의 세계는 우리로 하여금 미치도록 한다. 우리는 미쳐야 한다.

집사(안수)의 가정 ❶
자기의 부인과 자기의 십자가

찬송_ 40, 530장 | 성경_ 마태복음 16:24-26

1. 자기에 대한 부인

   주님을 따르는 자는 육체와 함께 그 정과 욕심을 십자가에 못을 박고, 자신을 쳐서 주님의 뜻에 복종시켜야 한다. 주님의 제자가 되려면 자기를 철저하게 부인해야만 한다. 자기 부인이 선행되지 않으면 충분히 좋은 여건들을 구비했을지라도 예수님의 제자가 될 수 없다.

2. 온전히 깨닫는 주님의 뜻

   예수님의 제자가 되고, 그의 약속에 참예하기 위해서는 먼저 예수님을 알아야 한다. 그리고 그분의 뜻이 무엇인지 이해하도록 해야 한다. 주님의 뜻을 바로 깨달으면 주님의 일을 감당하게 된다. 주님의 뜻에 무지한 사람은 수고를 많이 하고도 하나님의 나라에서 소외된다.

3. 귀히 여겨야 할 천국의 기업

   주를 위해서 충성하고, 주를 위한 고난을 기꺼이 감수하려면 천국의 기업을 귀히 여기도록 해야 한다. 만일, 천국보다 현세의 복에 관심을 집중하는 사람들은 고난의 십자가를 질 수가 없게 된다. 영원한 영광을 위해서 자신의 십자가를 지고 따를 때, 좋은 일꾼이 된다.

집사(안수)의 가정 ❷
뵈뵈를 너희에게 추천하노니

찬송_ 39, 542장 | 성경_ 로마서 16:1-2

1. 추천을 받는 일꾼

 바울은 로마 교회의 성도들에게 뵈뵈를 영접해 줄 것을 권면하면서 그는 그녀를 우리 자매라고 형용사를 썼다. 이것은 바울이 그녀를 신임하고 있다는 증거이며, 그녀가 바울을 위하여 얼마나 헌신한 사역자였던가를 보게 한다. 우리도 추천을 받을 만한 일꾼이 되어야 한다.

2. 교회의 일꾼

 일을 맡기면서도 부족한 사람이 있고, 일을 맡기면 흐뭇하게 해주는 사람이 있다. 바울은 뵈뵈를 가리켜 겐그레아 교회의 일꾼이라고 당당하게 밝힌다. 이는 그에게 뵈뵈가 조금의 모자람도 없는 청지기라는 증거이다. 우리는 진실로 교회에서 일꾼이라는 말을 들어야 한다.

3. 주의 종의 보호자

 뵈뵈는 바울을 비롯한 전도자들을 정성껏 돌봤던 사람이다. 자기에게 있는 것을 주의 종들을 위해서 아낌없이 쓸 수 있는 사람이었다. 전도자를 위하여 자신의 목숨까지 내어놓은 뵈뵈는 우리의 표상이다. 우리는 주의 종들에 대하여 목숨을 바치려는 각오를 해야 한다.

집사(안수)의 가정 ❸

겨자씨의 믿음

찬송_ 35, 547장 | 성경_ 마태복음 17:14-20

1. 큰 역사를 일으키는 믿음

겨자씨는 사람의 눈에 잘 보이지 않을 정도로 작은 씨앗이다. 그러나 그 씨앗이 자라면 큰 나무가 된다. 우리가 가진 믿음도 남의 눈에 보이지 않을 정도로 작게 보이기도 하지만 믿음의 역사는 크게 나타난다. 교회에서는 소홀히 취급되는 작은이들이 큰 역사를 이룬다.

2. 생명력이 있는 믿음

씨앗은 살아있어 생명력이 있다. 생명력이 있다는 것은 무한한 가능성이 있다. 우리의 믿음이 적은 것이라 할지라도 살아있는 믿음이 될 때에 큰 역사를 이루게 된다. 우리의 믿음이 살아있어 생명력 있는 믿음이 되려면 행함이 있는 믿음이어야 한다. 믿음의 행위를 보이자.

3. 자라나는 믿음

생명이 있으면 자라고, 자라나서 큰 나무를 이룬다. 믿음은 그것이 겨자씨와 같이 작아도 하나님께서 자라게 하신다. 그러므로 우리도 자신의 믿음이 자라기를 소원하여 큰 역사를 이루기를 바라야 한다. 하나님께서는 우리의 믿음을 자라게 하여 하나님의 나라를 이루신다.

권사의 가정 ❶
내 집에 들어와 유하라

찬송_ 34, 310장 | 성경_ 사도행전 16:13-15

1. 하나님을 섬기다

루디아는 복음의 불모지에서 살았음에도 하나님을 공경하는 신앙의 사람이었다. 사람이 교회의 직분을 잘 감당하려면 하나님께 대한 외경심이 있어야만 한다. 주를 경외하는 사람이 정성껏 자기 직무를 수행하는 법이고, 주를 경외할 때 불의나 죄악을 멀리하게 된다.

2. 주의 말씀을 경청하다

루디아는 바울을 통해서 주시는 주의 말씀을 잘 경청한 사람이었다. 일꾼이 되어, 주의 일을 하고, 주의 직분을 잘 감당하려면 말씀을 경청할 줄 알아야 한다. 주님의 말씀을 경청하는 사람이라야 일꾼으로서 교회를 세우는 제 역할을 다하는 것이 가능하다.

3. 주의 종을 공궤하다

루디아는 은혜를 받은 후에, 바울과 그 일행의 공궤를 자청하고 나섰다. 주님의 은혜를 깨닫고 안다는 것은 변화된 삶을 통해서 증거된다. 일꾼은 교회를 존귀하게 여기고, 주의 종의 좋은 협력자가 되어야 한다. 그리고 자기의 직무를 다하려는 순종과 봉사가 요청된다.

권사의 가정 ❷
청하건대 종의 집에 복을 주사

찬송_ 24, 298장 | 성경_ 사무엘하 7:27-29

1. 하나님을 향한 사랑

다윗은 가장 좋은 성전을 건축해서 하나님께 드리려 하였다. 자기는 백향목 궁에 거하는데 하나님의 궤가 휘장 가운데 있는 것을 견딜 수 없어 하였다 성전의 건축은 그의 하나님을 향한 사랑을 보여주는 것이었다. 그는 하나님의 법궤를 사랑해서 춤을 추기도 하였다.

2. 말씀을 즐거워하라

다윗의 하나님을 향한 사랑은 말씀을 가까이 함에서 증명된다. 하나님의 말씀을 소중하게 여기고, 그 말씀을 가까이 하는 것을 자신의 복으로 삼았다. 그리하여 자신의 잘못을 나무라는 나단 선지자의 말도 귀하게 여기고 받아들였다. 하나님의 말씀은 곧 하나님이시다.

3. 평생의 기도

다윗은 자신의 집에 복을 달라고 간구하였다. 그는 인생을 창대하게 하시는 하나님, 복을 주시는 하나님께 빌었다. 그의 기도를 들으신 하나님께서 다윗을 복 되게 해주셨다. 오늘, 교회를 소중히 여기면서 복을 구해야 한다. 교회를 위해, 자신을 위해 평생의 복을 구하자.

권사의 가정 ❸
사마리아 성에 내려간 빌립

찬송_ 35, 305장 | 성경_ 사도행전 8:4-8

1. 흩어진 사람들

하나님께서는 초대 교회의 성도들이 흩어져서 복음을 전하게 하셨다. 성령이 임하면 권능을 받고 땅 끝까지 이르러 증인이 되리라고 하셨는데, 그들은 흩어지려 하지 못했다. 그리하여 하나님께서는 핍박이라는 방법으로 그들을 흩으셨다. 교회의 일꾼은 일하러 흩어져야 한다.

2. 빌립의 복음 전파

빌립은 성령님의 강권적인 바람에 밀려 사마리아로 갔다. 성령님께서 그의 입을 열어 그리스도를 전파하셨다. 그가 성령님께 순종해서 자신을 복음의 도구로 드리자 많은 표적이 나타났다. 사람들에게 붙어 있던 귀신들이 나가고, 중풍병자와 못 걷는 사람들이 나았다.

3. 큰 기쁨

빌립이 복음을 전할 때, 사마리아 사람들이 그의 말을 즐거워하였다. 그들은 한 마음으로 빌립의 말을 따랐다. 이미, 성령님께서 복음을 들을 심령으로 준비시켜 놓으신 것이다. 빌립의 전도로 그 성에 큰 기쁨이 있게 되었다. 빌립의 순종은 교회의 일꾼이 따를 모범이다.

예수님을 모신 가정 ❶

믿음과 사랑으로

찬송_ 39, 294장 | 성경_ 디모데후서 1:10-14

1. 복음으로 사는 성도

본문에서 바울은 우리에게 복음을 간직하라고 명령한다. 복음으로 사는 성도는 바른 말씀들의 윤곽을 굳게 붙잡아야 한다. 그래야만 그는 말씀을 지키고 살아갈 수 있다. 이 시간에, 복음으로 살아가기를 결단하자. 혹시, 고난 중에서라도 은혜를 포기하지 말고 굳게 간직하자.

2. 하나님의 말씀을 지키고 전파하는

디모데의 첫째 사명은 바른 말씀들을 붙잡고, 그 말씀들을 전파하는 직무를 행하는 것이었다. 그것은 오늘날 교회와 우리들의 직무인데, 하나님의 바른 말씀을 성실하게 지키고 전파하는 것에 힘을 다해야 한다. 우리는 주님 앞에서 복음으로 살겠다고 다짐해야 한다.

3. 성령으로 말미암아

말씀을 간직하고 전하는 일은 "우리 안에 거하시는 성령으로 말미암아" 이루어진다. 성령, 곧 하나님의 영은 우리 안에 거하시면서 우리에게 능력이 되신다. 복음의 말씀에 의해 믿음으로 살기를 다짐하자. 하나님의 말씀으로 풍성해진 은혜를 이웃에 전파하는 삶을 사모하자.

예수님을 모신 가정 ❷
온 집에 복을 주시는

찬송_ 28, 377장 | 성경_ 사무엘하 6:9-11

1. 하나님의 궤를 붙듦으로 죽은 웃사

    웃사가 하나님의 궤를 붙듦으로 말미암아 죽는 사건이 일어났다. 이로 인해 사람들은 공포에 빠졌다. 그들이 하나님의 궤를 꺼려하고 두려워하고 멀리할 때, 오벧에돔은 담대하게 궤를 자기 집으로 모셔서 잘 받들었다. 그후, 오벧에돔은 하나님께로부터 큰 복을 받았다.

2. 자손의 복을 받은 오벧에돔

    오벧에돔은 성전의 문지기를 맡은 자였는데, 하나님께로부터 자손의 복을 받았을 뿐 아니라 집안이 두루 형통하고, 번성하는 복을 받았다. 첫째, 자손이 번성하는 복을 받았다. 둘째, 자손들 중에서 큰 인물이 나왔다. 셋째, 자손들 모두 능력이 있는 유능한 사람들이었다.

3. 하나님의 말씀을 사모하고, 그 은혜를 간직하라

    하나님께서 우리에게 말씀하신다. 오벧에돔과 같이 하나님의 말씀을 사모하고, 그 은혜를 간직하면서 평생을 살기로 다짐하라는 말씀이시다. 우리의 온 가족이 말씀을 귀하게 여기며 말씀과 동행하는 삶을 살기 원한다. 그래서 복을 받는 역사가 나타나기를 축복한다.

예수님을 모신 가정 ❸
하나님을 모신 가정

찬송_ 24, 557장 | 성경_ 에베소서 6:1-4

1. 부부 사이에 대한 권면

부부의 의미는 둘이 한 몸을 이루는 것이다. 부부는 서로 한 몸이 되기 위하여 배우자에게 자신을 맞추어야 한다. 이것이 바로 성도의 가정에서만 볼 수 있는 신비이다. 아내는 남편에게 경외하는 마음을 갖고, 남편은 아내를 사랑하고, 그녀를 위해 자신을 내어주어야 한다.

2. 부모의 자녀에 대한 권면

부모는 자녀를 사랑하는 원칙으로 두 가지를 실천해야 하는데, 자녀들을 노엽게 하지 말고, 오직 주의 교양과 훈계로 양육해야 한다. 부모 자신의 기대와 감정으로 자녀를 학대하여 어려서부터 내면의 상처를 입게 하지 말아야 한다. 그리고 하나님의 말씀으로 가르쳐야 한다.

3. 자녀의 부모에 대한 권면

자녀가 가정에서 첫째로 가져야 하는 자세는 부모를 공경함이다. 부모를 공경함은 자녀에게 있어서 거룩함이다. 자녀의 부모 공경을 하나님께서 받으시고, 땅에서 잘 되고 장수하는 복으로 응답해 주신다. 자녀는 부모를 공경함에서 하나님을 공경함에로 나아가게 된다.

화목한 가족 ❶
시온의 산에서 내려오는 은혜

찬송_ 10, 555장 | 성경_ 시편 133:1-3

1. 지극히 선하고 아름다운 것

형제의 연합함이 지극히 선하고 얼마나 아름다운가! 하나님께서 한 집안에 선물로 주신 것이 형제다. 형제는 서로 사랑으로 받들고, 성령님께서 하나 되게 하신 것을 힘써 지켜야 한다. 그것을 하나님께서 원하시며, 우리가 평생의 삶을 통해 바라야 하는 아름다움이다.

2. 아론의 머리에 부은 기름

성경에서는 형제 연합의 아름다움을 아론의 머리에 부은 거룩한 기름에 비유하고 있다. 이 기름은 향과 기름을 섞어 만든 것으로서, 거룩한 일에만 사용되었다. 거룩한 기름은 아론의 머리에서부터 발끝까지 천천히 흘러 내려 전신을 감싸면서 그의 몸을 거룩하게 구별했다.

3. 성령님의 은총

기름으로 묘사되는 성령님의 은총은 형제를 하나가 되게 해주신다. 연합된 형제는 이슬처럼 신선하고, 생명력이 풍부하고 거룩하다. 그리고 그들은 하나님의 은혜 안에서 하나가 되었다. 하나님은 형제들이 연합하여 하나님을 섬길 때에 풍성한 생명력을 복으로 부어주신다.

화목한 가족 ❷

사랑 가운데서 행하라

찬송_ 16, 559장 | 성경_ 에베소서 5:1-3

1. 예수님 안에서 나타나는 하나님의 사랑

우리에게 향하시는 하나님의 사랑은 예수님 안에서 절정을 이루어 나타내신 바가 되었는데, 곧 주님께서 자신을 십자가에 희생하신 사랑이었다. 우리를 위해 자신을 십자가의 죽음에 내어주신 그의 사랑은 참된 사랑이었다. 이 사랑이 구원과 영생의 은혜를 누리게 하신다.

2. 자기를 제물로 드리신 예수님

주님께서는 자신을 향기로운 제물과 생축으로 우리를 위한 제물로 하나님께 드리셨다. 그의 십자가 죽음은 이 세상에서 하나님께 드려진 가장 귀한 예물과 제물이었다. 그것은 우리의 죄를 대속하기 위한 제물이었다. 그것은 우리를 향한 주님의 사랑이었다.

3. 사랑의 사람이 되어야

우리는 예수님의 사랑을 본받아서 사랑의 사람이 되어야 한다. 주님의 크신 사랑을 받은 우리이기 때문에 우리도 사랑 가운데서 행해야 한다. 그것은 주의 사랑을 받은 모든 성도들에게 합당한 삶이다. 이 가정의 식구들이 하나님을 사랑하고, 사랑으로 살 것을 결단하자.

화목한 가족 ❸

손자와 노인, 아비와 자식

찬송_ 12, 556장 | 성경_ 잠언 17:6

1. 어떤 부모가 될 것인가

부모의 신앙에 대하여 묵상해야 한다. 우리가 어떻게 사느냐에 따라서 후대의 인생이 결정된다. 자녀들이 부모에게서 먼저 받아야 할 것은 신앙의 유산이다. 신앙생활을 잘 해서 자손에게 반듯한 신앙을 확실하게 물려주기를 다짐해야 한다. 오늘의 신앙이 내일을 결정한다.

2. 자녀를 위해 무엇을 할 것인가

눈물의 기도를 쏟는 부모가 되어야 한다. 자녀의 형통을 바란다면 그들을 위해 눈물로 기도해야 된다. 하나님께서는 부모의 눈물을 통해서 자녀에게 복을 주시고 하나님의 사람으로 키워주신다. 그들의 장래를 위해 눈물을 흘리자. 믿음의 유산을 남겨 주는 가정을 만들자.

3. 하나님을 배우는 가정

부모의 훈계가 자녀를 온전한 사람으로 만든다. 자녀는 아비의 훈계를 들으며 어미의 법을 받아야 한다. 성경에서 나온 훈계는 그에게 "머리의 아름다운 관이요 목의 금사슬"이 된다. 하나님의 주권을 인정하는 자녀로 키우자. 자녀가 부모에게 면류관이 되도록 기도하자.

교회를 중심한 가정 ❶
만물보다 먼저 계신 하나님

찬송_ 22, 210장 | 성경_ 골로새서 1:16-17

1. 만물이 그에게로

만물이 하나님에게서 나오고, 그에게로 돌아간다고 하였다. 이것은 피조물이 창조자를 인정한다는 의미이다. 그러므로 우리도 하나님께로 돌아가야 한다. 우리는 여호와의 창조주이심을 예배해야 한다. 피조물들을 통하여 영광을 취하시는 하나님을 경배해야 한다.

2. 창조주를 기억하라

하나님은 유일하신 우리의 아버지로써 예배를 받으셔야 한다. 하나님을 예배하는 것은 우리가 취할 수 있는 가장 정직한 행위이다. 피조물은 언제나 창조주를 기억하며, 그분의 뜻을 따르며 살아야 한다. 피조물이 창조주와 관계를 맺고 있을 때, 우리의 행복이 거기에서 나온다.

3. 하나님의 뜻대로

하나님께서는 피조물을 통해서 이 땅에서 하나님의 크신 일을 하신다. 우리는 그분이 무엇을 원하시든지, 자신을 쳐 복종하고, 창조주에게 순종해야 한다. 하나님을 창조주로 예배하고, 그 앞에서 피조물로 살아가면서, 내 뜻대로가 아닌 하나님의 뜻대로 살아드려야 한다.

교회를 중심한 가정 ❷

성도의 삶-하나님을 기쁘시게

찬송_ 26, 223장 | 성경_ 로마서 12:1-2

1. 구원의 감격으로 기쁘시게

나의 영혼은 죽어서, 하나님을 알지도 못하고 하나님과 원수가 되어 있었다. 그러나 생명의 성령의 법이 나를 살리셨다. 구원 받은 것은 순전히 하나님의 자비하심으로 된 것이다. 죄로 말미암아 죽었던 나를 생명의 성령의 법이 살리신 은혜이다. 구원해 주셨음에 감격하라.

2. 몸을 산제사로 기쁘시게

하나님께서는 우리를 사랑하시므로 우리가 제물로 드려지기를 원하신다. 이 몸을 하나님께 나아와 보여드림이 하나님께 기쁨이 된다. 우리 몸을 하나님 전으로 나아와 하나님께 보여야 한다. 거룩한 산제사로 드리기를 원하시니 죄 사함 받았음을 감사해 성령으로 예배하자.

3. 순종하는 삶으로 기쁘시게

하나님은 우리의 삶 자체에 함께 계신다. 우리의 삶 전체를 기뻐하시고 사랑하신다. 성령님이 내 안에 거하시며 하나님 기뻐하시는 일을 하게 하신다. 그러므로 이 세대 삶을 거절하고, 마음을 새롭게 함으로 변화를 받아야 한다. 하나님의 나라를 이루게 하시는 뜻에 순종하자.

5. 가정생활

교회를 중심한 가정 ❸

복을 온전히 즐거워하라

찬송_ 39, 209장 | 성경_ 신명기 16:13-17

1. 하나님께서 택하신 곳

본문에 의하면, 하나님께서 그의 이름을 위하여 택하신 곳이 있음을 알게 한다. 하나님께서는 우리로 하여금 여호와를 예배하라고 장소를 택하셨다. 이스라엘 백성들은 아무데서나 유월절을 지킬 수 없었다. 반드시 하나님께서 정하신 곳에서 지켜야 했다.

2. 우리가 즐거워할 것

우리는 교회에 모여서 예배하는 일을 즐거워해야 한다. 주의 이름이 있는 교회에 모이기를 즐겨 하고, 구원하여 주신 은혜를 생각하여 예배드리기를 기뻐해야 한다. 우리는 하나님의 사랑을 기억하여 즐거워하고, 모든 성도는 공동체임을 생각하고 예배해야 한다.

3. 하나님께 영광이 되기를

하나님의 이름을 부를 때마다, 하나님께 영광이 되기를 간절히 소원함을 나의 것으로 삼아야 한다. 하나님께서는 영광을 받으시고자 교회를 택하여 그의 이름을 그 곳에 두시고, 영광을 받으신다는 것을 잊지 말자. 구속함을 받은 지체들은 열심히 모여서 예배해야 한다.

자녀의 양육 ❶
자녀와 부모의 관계

찬송_ 80, 420장 | 성경_ 골로새서 3:20-21

1. 부모에게 순종하라

자녀가 부모에게 취할 가장 옳은 것은 부모에게 순종함이다. 이삭은 제물로 드려지기까지 아브라함에게 순종하였다. 예수님은 하나님의 아들이시나 가정에서 지내시는 동안에 육신의 부모에게 순종하셨다. 우리는 부모에게 순종하여 하나님께서 정하신 제도를 지켜야 한다.

2. 주 안에서 기쁘게 하라

하나님께서 기뻐하시는 삶을 소원하는 것이 우리의 마땅한 자세다. 하나님이 배제된 채로 육신의 부모를 즐겁게 해드림도 옳지 않으며, 나 자신을 위해서 부모에게 순종하지 않는 것도 옳지 않다. 우리는 하나님을 기쁘시게 해드리기 위하여 부모에게 순종해야 한다.

3. 자녀를 격노케 말라

부모들은 자녀들을 격노케 해서는 안 된다. 부모로부터 인정을 받지 못할 때, 자녀에게는 그것이 상처가 되고, 자기 자신에 대한 소망을 잃게 된다. 하나님께서 좋으신 아버지로서 우리를 낙심하지 않게 하심과 같이 부모는 자녀가 낙심하지 않도록 해야 한다.

자녀의 양육 ❷
하나님은 누구와 함께?

찬송_ 83, 373장 | 성경_ 사사기 6:11-18

1. 기도하는 사람

6절, "이스라엘이 미디안을 인하여 여호와께 부르짖었더라"라고 하였다. 하나님은 자녀들이 간구할 때, 귀를 여신다. 이스라엘 백성이 회개하며 기도하자 기도를 들으시고, 구원자를 보내주셨다. 하나님은 기도하는 자들에게 함께 하시므로 하나님의 보호하심을 누리게 된다.

2. 겸손한 사람

15절, "나는 내 아비 집에서 제일 작은 자니이다"라고 하였다. 기드온은 자기를 가리켜 작은 자라고 하면서 겸손하였다. 하나님은 겸손한 자의 하나님이시다. 겸손히 무릎을 꿇으면 기도를 들으시고, 두려움을 물리쳐 주신다. 하나님의 은혜는 겸손한 사람에게 임한다.

3. 순종하는 사람

20절, "고기와 무교전병을 가져 이 반석 위에 두고 그 위에 국을 쏟으라 기드온이 그대로 하니"라고 하였다. 기드온이라고 미디안이 두렵지 않을 수 없었다. 그러나 그는 하나님의 말씀에 그대로 순종하였다. 하나님은 말씀을 순종하는 자를 귀하게 여기시고 역사하신다.

자녀의 양육 ❸

다음 세대에 대한 의무

찬송_ 24, 570장 | 성경_ 신명기 31:12-13

1. 하나님을 경외하도록

"여호와를 경외하며." 하나님의 사람 된 첫째 증거는 여호와를 사랑하는 것이다. 부모가 자녀에게 먼저 할 것은 자녀에게 여호와를 경외하도록 가르치는 것이다. 부모의 여호와를 경외함에서, 자녀에게 여호와를 경외하도록 가르침에서 자녀는 하나님의 사람으로 자라야 한다.

2. 율법을 지키도록

"율법의 모든 말씀을 지켜 행하게 하고." 하나님께서 우리에게 율법을 주심은 우리를 보호하시기 위함이시다. 율법은 하나님을 사랑하게 하며 하나님의 사람으로서의 죄를 깨닫게 한다. 자녀가 어릴 때부터 성경을 배우는 것은 그의 인생을 결정짓게 한다.

3. 하나님을 배우게 하도록

하나님께서 사랑하시는 사람은 지혜가 많은 사람도, 특별한 능력을 가진 사람도 아니다. 하나님을 배워, 하나님의 뜻을 따르기를 기뻐하는 사람이다. 자녀가 부모만큼 하나님을 알도록 가르쳐야 한다. 그리고 부모의 하나님을 자기의 하나님으로 섬기기를 선택하도록 한다.

하나님의 영광을 구함 ❶

세상의 빛

찬송_ 26, 420장 | 성경_ 마태복음 5:14-16

1. 너희는 세상의 빛이라

주님께서는 제자들에게 빛이라 하셨다. 빛이 비추이면 어둠에서 감추어졌던 것들과 길이 드러나 사람들을 올바르게 인도해준다. 우리는 세상에 대하여 빛이 되어야 한다. 방황하는 이들에게 길이 되어주고, 죄악의 어두운 것들이 드러나도록 해서 이를 제거해야 한다.

2. 등경 위에 두는 등불

등불을 등경 위에 두어서 집 안의 모든 이들에게 비추인다. 우리는 예수님을 비추는 빛으로서 등경 위에 켜놓는 등불이 되어야 한다. 주님은 죄인들의 구원을 위해서 자신의 몸마저 십자가에서 제물로 드려지는 빛이 되셨다. 우리는 이웃을 이롭게 하는 등불이 되어야 한다.

3. 사람 앞에 비추라

만일, 빛이 사람의 뒤에서 비추이면 그림자가 만들어지고, 더욱 어둡게 된다. 빛은 사람의 앞에서 비추어질 때 이롭다. 우리는 주님의 삶을 따름으로 모든 이들에게 빛을 비추어주는 역할을 감당해야 한다. 빛의 열매는 사람들에 대한 착함, 의로움, 진실함이라고 하였다.

하나님의 영광을 구함 ❷
천국에서 크다 일컬음을

찬송_ 70, 411장 | 성경_ 마태복음 5:17-20

1. 천국 백성의 규범

세상의 나라에도 나라를 지키고, 국민들의 삶을 보호하기 위해서 규범을 지키게 한다. 하나님의 자녀들에게도 천국 백성으로서의 지켜야 할 규범이 있다. 이것은 율법이라는 이름으로 우리에게 주신 것이다. 율법은 하나님을 경외하는 자에게 순종할 규범이다.

2. 자신을 살피게 하는 율법

율법을 지킴이 구원에의 조건은 아니지만, 하나님을 사랑하는 자녀라면 율법을 지킴에 즐거워해야 한다. 율법에 모자람이 있을 때, 자기의 부족함을 깨닫게 되고, 율법을 통해서 하나님을 더욱 사랑하게 된다. 예수님도 율법을 이루시려고 자신을 십자가의 제물로 내놓으셨다.

3. 일점 일획도 순종해야 할 율법

예수님께서는 율법을 잘 지키는 사람을 가리켜 천국에서 크다 일컬음을 받을 것이라 약속하셨다. 율법은 하나님의 명령이기 때문에 소중히 여겨서 순종하는 자에게 큰 사람이라는 상급을 주신다. 우리가 율법에 순종하는 것은 그만큼 하나님을 경외하도록 한다.

하나님의 영광을 구함 ❸

몸의 행실을 죽이라

찬송_ 34, 418장 | 성경_ 로마서 8:11-17

1. 빚진 자

우리는 하나님께서 구원해 주시는 은혜의 빚을 졌다. 하나님께서는 우리를 값없이 은혜로 구원하셨다. 오직 주님의 십자가 공로로 우리를 죄에서 해방하시고 우리를 의롭다고 인정하시고, 새 생명을 주셨다. 이것은 우리가 값으로 계산할 수 없는 큰 빚이다.

2. 부끄러운 삶에 자신을 내어주지 말라

한 번 구원을 받아 의롭다 여기심을 받은 사람이 육신의 죄성을 따라 살면 반드시 죽는다. 의롭게 된 사람이 불의의 소욕에 따라 살면 부끄러운 죽음을 당하고 만다. 우리는 여호와 앞에서 부끄러운 삶을 살지 않으려고 기도하며, 거룩한 삶을 지탱하려고 몸부림을 쳐야 한다.

3. 이전에 즐기던 죄악된 행실을

우리의 삶은 성령님의 충만함으로 말미암아 몸의 죄악된 행위들을 죽이는 삶이어야 한다. 그것이 성화의 삶이다. 성령님께서는 우리의 거룩함을 위해서 우리 안에 내재하신다. 우리는 성령님의 감동하심에 순종하여 구원을 받기 이전의 죄악된 행실을 죽이도록 하자.

부부의 사랑 ❶

도리어 진보가 된 줄을

찬송_ 92, 428장 | 성경_ 빌립보서 1:12-18

1. 고통은 또 다른 이름의 기회

배우자를 받아들여 부부로 산다는 것은 쉽지 않다. 부부가 한 몸을 이룸은 갈등의 아픔을 겪고, 그 상처를 보듬어 주는 데서 완성된다. 부부의 갈등은 한 몸이 되는 방법이다. 만일, 갈등을 경험하지 못한다면 그것은 서로에 대한 예의를 지키는 것일 뿐 한 몸이 되지 못한다.

2. 비웃음의 대상이 된 바울

바울은 로마 감옥에 갇혀 있었다. 빌립보 교회의 성도들 중에 일부는 그를 비난하고 비웃었다. 그는 이 고통스러운 시간에, 빌립보 교회를 세워 가시는 하나님의 손길도 보게 되었다. 우리는 어려운 일을 당할 때, 내 뒤에서 움직이시며 일을 이루어 가시는 하나님을 보아야 한다.

3. 진보의 기회로 삼으라

어려운 상황을 만나면 '내가 왜'라는 한탄을 한다. 우리가 고통을 겪게 되는 시간은 사실, 하나님의 손이 움직이시는 시간이다. 따라서 부부 사이에 갈등을 만나게 되면 즉시 하나님께로 나아가야 한다. 여태껏 감춰져 있던 갈등을 드러내시는 하나님의 의도를 깨달아야 한다.

부부의 사랑 ❷

생육하고 번성하여

찬송_ 16, 136장 | 성경_ 창세기 1:28

1. 서로 사랑해야 될 부부

하나님께서 아담과 하와에게 생육의 복을 주셨다. 그들이 이 복을 받기 위해서는 서로 사랑해야 하였다. 하나님께서는 태의 문을 열어주시고, 사람은 서로를 사랑해야 한다. 우리는 가정의 기초가 사랑이라는 것을 깨닫게 된다. 부부는 사랑으로써 관계를 유지해야 한다.

2. 번성해야 하는 가정

하나님께서는 아담과 하와에게 번성할 것을 약속하셨다. 번성이란 단지 자녀를 많이 낳는다는 의미를 훨씬 더 뛰어넘는다. 자녀들이 많아지는 육체적인 번성과 아울러 그 자녀들로 인해서 가정이 풍요롭게 된다는 뜻이다. 우리는 번성의 복을 받기 위하여 서로 사랑해야 한다.

3. 땅에 충만하고, 정복하는 가정

가정에 자녀들이 많으면 충만함을 누린다. 또한 부모와 자녀들에 의해서 일들이 많이 일어나면 충만함을 누린다. 하나님께서는 우리의 가정이 땅에 충만하도록 복을 주셨다. 우리의 이름들이 땅에 가득해지고, 우리의 일들이 땅에서 많아지기를 기대하신다.

부부의 사랑 ❸

첫 표적을 갈릴리 가나에서

찬송_ 19, 420장 | 성경_ 요한복음 2:1-11

1. 혼인 잔치 집에 오신 예수님

가나의 한 집에서 혼인 잔치가 열렸다. 혼인 잔치를 벌인 주인은 예수님과 예수님의 제자들을 잔치에 초대하였다. 예수님께서는 혼인을 기뻐하시면서 잔치 집의 초대에 응하셨다. 예수님께서 초청에 응하여 이 집에 가셨다는 사실만으로도 이 잔치 집에는 축복이었다.

2. 포도주가 떨어진 잔치 집

잔치 집의 주인은 연회를 베풀었다. 신랑과 신부를 축복하러 온 이들은 잔치를 통해서 새 가정을 축복하였다. 그들은 신랑과 신부의 부모를 축복했으며, 기쁨을 서로 나누었다. 그때, 안타깝게도 포도주가 떨어져 연회장은 당황하게 되었고, 잔치 집의 복이 깨질 위기에 놓여졌다.

3. 새 가정을 축복하신 예수님

혼인 잔치의 축복된 분위기가 깨질 위기에서 예수님은 물로 포도주를 만드는 기적을 나타내셨다. 예수님께서 물로 포도주를 만드셨다는 사실은 이 가정을 축복하시는 주님을 확인하게 해준다. 예수님은 신랑과 신부를 귀히 여기시며 두 사람으로 말미암는 가정에 복을 주신다.

임신과 출산 ❶

태의 열매는 그의 상급

찬송_ 23, 559장 | 성경_ 시편 127:3-5

1. 여호와의 주신 기업

하나님께서는 자녀를 가리켜 여호와께서 주신 기업이라고 하신다. 여기에서 기업은 주는 사람이 임의로 주는 것을 말한다. 생명은 부모가 원한다고 해서 가질 수 있는 것이 아니다. 생명은 하나님께서 허락해야만 얻을 수 있다. 우리 주위에는 아기를 갖지 못하는 이들이 있다.

2. 태의 열매는 그의 상급

여인의 태라 하여 모두가 임신할 수 있는 것은 아니다. 하나님께서 허락하지 않으시면 임신하지 못한다. 태의 열매를 상급이라 하셨다. 이 말은 '받을 자격이 없지만, 은혜로 주신 것'이라는 의미이다. 자녀는 하나님께서 자신의 뜻을 따라 선물로 주시는 기업이며, 상급이다.

3. 장사의 수중의 화살

전쟁에 있어서 전통에 화살이 많이 들어있으면 적을 이길 수 있다. 자녀는 하나님께서 사람들에게 주신 기업과 상급 중에 가장 귀하다. 하나님은 사람들에게 자녀를 주셔서 그의 삶을 복되게 하시며, 가정의 혈통을 잇게 하시고, 부모가 하던 일을 잇게 하신다.

임신과 출산 ❷
하나님과 사람에게 더 사랑스러워

찬송_ 95, 557장 | 성경_ 누가복음 2:52

1. 지혜의 자람

어린 예수님은 지혜에 있어서 자라셨다. 예수님의 신성은 본래부터 지식과 지혜가 충만하시지만, 그의 인성의 지혜는 자라갔다. 어린 시절의 예수님은 지혜가 충족함에 이르도록 자라신 것이다. 부모에게는 자녀가 지혜롭게 자라도록 도와주어야 할 의무가 있다.

2. 몸의 자람

사람의 키는 육체적인 성장을 보여준다. 주님의 키가 자랐다는 표현은 육체적으로 완전한 성장을 이루셨다는 것이다. 어린 예수님은 신체적으로 자라야 하는 시기에 완전한 성장을 갖추게 되셨다. 부모는 자신이 양육을 맡은 자녀가 신체적으로 성장하도록 도와주어야 한다.

3. 사랑스럽게 자람

성경의 여러 곳에 기록된 대로, 예수님은 죄 없는 인격이셨으므로 하나님께서 그를 기뻐하시고, 사람들도 그를 사랑스럽게 생각한 것은 당연하였다. 주님께서는 하나님과 사람들에게 더 사랑스럽게 자라셨다. 우리는 자녀가 신앙적, 사회적으로 성장하도록 도와야 한다.

임신과 출산 ❸

이 아이를 위하여

찬송_ 17, 559장 | 성경_ 사무엘상 1:21-28

1. 젖을 떼거든

한나는 아이 사무엘에 대하여 결단을 한다. 사무엘이 젖을 떼거든 여호와의 전으로 데리고 가서 평생을 그곳에 있게 하겠다는 것이다. 한나는, "주의 여종에게 아들을 주시면 내가 그의 평생에 그를 여호와께 드리고"라고 약속한 것을 신실하게 지키는 은혜를 보였다.

2. 그대의 소견에 좋은대로 하여

엘가나는 한나의 말을 듣고 찬동하였다. 그에게는 사무엘은 귀한 아들이었으나 사무엘이 한나의 간구에 대한 하나님의 응답이었음을 깨닫고 있었다. 한나의 결단과 엘가나의 찬동은 하나님 앞에서 부부의 모습을 배우게 한다. 부부는 서로 신앙의 동역자가 되어야 한다.

3. 그를 여호와께 드리되

한나는 자기가 결단한 그대로 아기 사무엘을 여호와께 바쳤다. 젖을 뗀 후에, 아이를 성전에 데리고 가서 엘리 제사장에게 맡겼다. 그리고 사무엘을 여호와께 드림에 대하여 감사로 경배하였다. 오늘, 아기의 생명 앞에서 하나님께 대한 신앙의 결단을 하는 부모가 되어야 한다.

부모에게 효도 ❶
네 부모를 공경하라

찬송_ 67, 425장 | 성경_ 출애굽기 20:12

1. 땅을 주시는 하나님

   자녀가 부모를 공경할 때, 그 응답으로 하나님께서는 살아갈 수 있는 땅을 주신다. 부모를 공경함에서 땅을 받는다는 사실은 복이 임한다는 의미이기도 하다. 모든 사람에게는 하나님께서 주시기로 약속하신 복이 있는데 부모를 공경할 때, 언약이 성취되어 복을 받는다.

2. 생명을 주시는 하나님

   자녀가 부모를 공경할 때, 그 응답으로 하나님께서는 생명의 삶을 연장하신다. 사람의 생명은 하나님께 달려 있다. 하나님은 우리의 생명이시며, 장수이시다. 부모를 공경하라는 명령은 하나님의 말씀이므로 이에 순종하여 명령에 언약되어 있는 건강과 장수의 복을 받자.

3. 함께 해주시는 하나님

   부모를 공경할 때, 하나님께서 복을 주신다. 하나님께서 복을 주시며 함께 하시는 인생은 그것으로 복이다. 하나님께서 복을 주시지 않고, 혼자 살아가는 인생은 그 자체로 저주이다. 공경을 통해서 부모 사이에 일어나는 갈등을 덮고, 여호와께 복 되게 살아가기를 다짐하자.

6. 새 가정

부모에게 효도 ❷

어리석은 일을 행하지 말라

찬송_ 31, 423장 | 성경_ 사무엘하 13:10-14

1. 하나님의 은혜

하나님은 가정을 세우시고 거룩하게 하셨다. 가정에는 부모와 자녀들이 모여 가족사회를 이루는데, 여기에서는 지켜져야 하고, 보호되어야 하는 윤리가 있다. 하나님께서는 가족의 윤리에 관심을 가지셨다. 오늘, 우리 가정의 삶을 통해서 하나님께 더욱 가까이 나아가기를 빈다.

2. 암논의 어리석은 행동

다윗의 아들 암논은 배 다른 누이인 다말을 연모하여, 다말에 대한 욕정이 타올라 그녀를 침실로까지 유인하였다. 그리고 오빠를 위해서 음식을 가져온 다말을 겁탈하였다. 다말은 암논의 타오르는 욕정을 말렸으나 누이의 말을 듣지 아니하고 억지로 그녀와 동침하였다.

3. 부모에게 근심이 됨

이 사건은 다윗의 가정에 화가 되었다. 다윗은 이 모든 일을 듣고 심히 노하였다. 자녀는 부모를 기쁘게 해드려야 하는데, 암논은 아버지에게 근심이 된 것이다. 이후에, 암논은 압살롬으로부터 미움을 사게 되었다. 이로써 다윗의 가정에 화평이 깨지는 불행이 초래되었다.

부모에게 효도 ❸

부모에게 순종하라-주 안에서

찬송_ 25, 425장 | 성경_ 골로새서 3:20-21

1. 부모와 자녀

자녀에게 있어서 부모는 그의 근본이고, 그에게 존경과 권위의 대상이 된다. 자녀의 힘은 부모에게서 나온다. 만일, 부모가 자녀에게 권위가 없으며, 존경을 받지 못한다면, 그만큼 자녀는 불행해지고 만다. 그러므로 자녀는 부모에게서 주의 교양과 훈계로 양육을 받아야 한다.

2. 하나님께서 세우신 질서

때때로 사람들은 어리석어 부모가 죽은 후에야 부모의 존귀함을 깨닫는다. 부모는 내가 선택하지 않고, 하나님께서 예비해 주신 존재이다. 자녀는 부모에 대하여 여호와의 주신 기업으로서의 역할을 지켜야 한다. 결코, 하나님께서 정하신 부모의 위치를 침범해서는 안 된다.

3. 하나님의 복

부모를 공경하라는 하나님의 명령에는 이 땅에서 잘 되고 장수할 것이 약속되어 있다. "네 아버지와 어머니를 공경하라 이것은 약속이 있는 첫 계명이니." 자녀는 부모 공경에 열심을 다해야 한다. 우리는 부모를 대할 때, 하나님을 대하듯 해야 한다.

6. 새 가정

아기의 첫돌 ❶
자람을 위한 부모의 기도

찬송_ 33, 403장 | 성경_ 누가복음 2:40

1. 육신이 건강하도록

"아기가 자라며 강하여지고." 예수님은 자라시면서 육체적으로 강해지셨다. 예수님의 육체적인 성장은 오늘, 첫돌을 맞이하는 ○○○을(를) 위한 부모의 첫째 기도가 되어야 한다. 육체가 건강하면 생각이나 행동도 건강하다. 자녀의 건강을 위하여 기도하는 부모가 되자.

2. 지혜가 충만하도록

"지혜가 충만하며." 예수님은 자라시면서 지혜로워지셨다. 예수님의 지적인 성장은 오늘, 첫돌을 맞이하는 ○○○을(를) 위한 부모의 둘째 기도가 되어야 한다. 하나님 앞에서 지혜로운 사람은 세상이 당해낼 수 없다. 자녀가 지혜로운 생애를 살도록 간구하는 부모가 되자.

3. 하나님의 은혜가 충만하도록

"하나님의 은혜가 그의 위에." 예수님은 자라시면서 하나님의 은혜에 충만하셨다. 예수님의 영적인 성장은 오늘, 첫돌을 맞이하는 ○○○을(를) 위한 부모의 셋째 기도가 되어야 한다. 하나님의 은혜는 우리가 세상을 살아가는 게 행복과 성공의 보장이다. 이를 위해 부르짖자.

7. 가족의 경사

아기의 첫돌 ❷

디모데-물려받은 믿음

찬송_ 14, 400장 | 성경_ 디모데후서 1:3-5

1. 부모의 믿음을 물려줌으로

바울은 디모데에게서 로이스와 유니게에게 있는 믿음을 보았다. 하나님은 부모에 의해서 자녀들이 믿음을 물려받기를 기대하신다. 부모가 자녀에게 물려줄 수 있는 최대의 유산은 경건한 믿음이다. 디모데는 외할머니와 어머니로부터 믿음의 영향을 받아 경건하게 성장하였다.

2. 쉬지 않고 너를 생각하여

바울은 디모데를 생각하며 기도하기를 즐거워하였고, 쉬지 않고 그를 생각하였다. 그것은 디모데가 바울에게 기쁨을 주었기 때문이다. 하나님은 믿음으로 자라는 사람을 기뻐하신다. 로이스와 유니게가 디모데를 믿음의 사람으로 길렀던 은혜가 우리에게 있기를 축복한다.

3. 바울의 기쁨

디모데가 바울에게 기쁨이 되었다는 것은 하나님께 기쁨이 되었음을 증명한다. 하나님은 주 안에서 자라는 아이들이 믿음의 사람으로 성장하기를 기대하신다. 자라나는 세대는 부모의 믿음을 물려받아 자기의 것으로 삼으려는 결단을 해야 한다. 믿음은 물려주는 것이다.

7. 가족의 경사

아기의 첫돌 ❸

하나님이 나를 웃게 하시니

찬송_ 32, 396장 | 성경_ 창세기 21:1-4

1. 여호와께서 말씀하신 대로

"네 아내 사라에게 아들이 있으리라." 아브라함의 장막을 방문했던 사람들이 그에게 한 말이었다. 그 말을 들은 사라는 속으로 웃었다. 그 때, 그들이 말하기를, "여호와께 능하지 못한 일이 있겠느냐"고 하였다. 사라는 꼭 일 년이 지난 뒤에 이삭을 자기의 품에 안았다.

2. 약속의 아들-이삭

아내는 이미 생리가 끊어진지 오래되고, 남편은 늙어서 생산할 수 없었다. 그 부부가 자연법으로는 아이를 낳을 수 있을까? 그러나 사라는 이삭을 낳았다. 이는 하나님께서 사람의 몸에 간섭하셨다는 증거이다. 오늘, 이 가정에도 하나님의 복을 주심이 있으셨다.

3. 하나님의 선물

아브라함의 가정에 이삭은 하나님의 선물이었다. 이 세상에 태어나는 모든 생명은 하나님께서 우리에게 주시는 선물이다. 오늘, 이 가정에도 하나님께서 ○○○을(를) 선물로 주셨다. 부모가 이 아기를 사랑하고, 보호하여 첫돌을 맞이하게 되니, 하나님의 은혜가 더욱 새롭다.

생신 ❶
늙어도 결실하며

찬송_ 41, 576장 | 성경_ 시편 92:12-15

1. 의인의 번영

의인은 번성할 뿐만 아니라 강하다. 비록 그들이 세상에서 핍박과 고난을 당하는 경우들도 많이 있지만 그들의 뿌리가 뽑히거나 가지가 꺾이는 경우는 도무지 없다 하나님께서 그들의 편에 계셔서 그들을 보호하시기 때문이다. 악인의 형통은 잠시 뿐이라는 사실을 명심하자.

2. 영광스러운 노년

사람이 늙으면 그 가치를 인정받지 못하는 경우들이 허다하나 경건한 사람들의 노년은 풍족하고 영광스럽다. 바울이 증거했듯이 겉 사람은 후패하지만 속은 날로 새로워지기 때문이다. 인간의 아름다움은 신앙과 인격에 있음을 명심하고, 진정한 미를 가꾸도록 힘써야 하겠다.

3. 인생의 기초

높고 규모가 큰 건물일수록 기초가 견고해야 하듯이 인생도 기초가 견고해야 실패함이 없게 된다. 의인이 늙어서도 결실하며 진액이 풍족한 까닭은 그들의 인생 뿌리가 하나님께 있었기 때문이다. 의인은 하나님의 보호 아래 있으므로 견고하여 영광스러움이 드러난다.

생신 ❷

은혜로 든든히 살자

찬송_ 33, 427장 | 성경_ 디도서 1:1-4

1. 동반자가 있음에 감사하라

예루살렘의 유대인들은 악한 생각으로 바울을 핍박하였다. 그때, 바울은 자기를 변호해 주는 디도를 데리고 다녔다. 디도는 바울과 함께 "같은 믿음을 따라" 그를 동역하였다. 우리의 삶을 돌아보면, 그때마다 하나님께서 내게 가장 좋은 동반자를 주셨음을 묵상하게 된다.

2. 어려운 일을 맡아 수행하는 사랑에 감사하라

디도는 바울을 위하여 난관을 슬기로 극복해 주었으며, 그에게 닥친 어려움을 해결해 주었다. 하나님께서는 우리에게도 동역자를 붙여 주셔서 나를 돕게 하시고, 나의 어려움을 해결하게 하신다. 사람을 보내주시고, 가장 힘들어 할 때, 짐을 져 주는 사랑에 감사해야 한다.

3. 신뢰할 수 있음에 감사하라

디도는 바울에게 신뢰하는 사람이 되어 주었다. 그는 무슨 일을 맡겨도 요동하지 않고, 시험에 들지 않고, 잘 감당하였다. 우리에게도 하나님께서는 신뢰할 만한 사람을 동반자로 보내주시고, 함께 동역하게 하신다. 나의 나 됨이 스스로의 노력으로 선 것이 아님에 감사하라.

생신 ❸
들어와도 복, 나가도 복

찬송_ 23, 579장 | 성경_ 신명기 28:1-6

1. 들어라

"네 하나님 여호와의 말씀을 삼가 듣고"라고 했다. 하나님의 말씀을 듣는 것이 행복의 조건이다. 하나님의 말씀을 들어야 한다. 여호와의 말씀을 듣기를 사모하기를 다짐하자. 기쁜 날을 맞이하신 ㅇㅇㅇ님께서 이제와 같이 앞으로도 하나님의 음성을 듣기를 사모하기 원한다.

2. 행복의 길

하나님의 말씀에 우리의 삶을 행복의 길로 인도하는 지침이 있다. 성경의 역사는 이스라엘 공동체가 여호와의 말씀에 순종했을 때, 모든 생활에서 복을 누렸음을 증거해 준다. 이는 오늘, 생일을 맞으신 ㅇㅇㅇ님의 모습에서도 증거가 되고 있다.

3. 순종의 결과

여호와의 말씀에 순종하면 성읍에서, 들에서, 집에서 복을 누린다. 그리하여 일용할 양식이 끊어지지 않을 것이며, 복을 누린다. ㅇㅇㅇ님께서 평생에 기도하신 것은 이 가정의 권속들이 들어와도 복, 나가도 복을 받기를 원하심이었으니, 여호와께 순종하시기를 축복한다.

회갑 ❶
우리에게 우리 날 세는 법을

찬송_ 85, 429장 | 성경_ 시편 90:10-12

1. 깨달아야 할 진리

 본문에서 시인은 70년 또는 80년의 인생이 진노 중에서 사라져가고, 인생이 자랑할 것은 수고와 슬픔밖에 없다고 하였다. 이스라엘 백성은 하나님의 진노를 알지 못하여, 여호와께 대하여 불순종하는 삶을 살았으며, 하나님을 거절하였다. 인생의 주인이신 하나님을 경외하자.

2. 우리가 구해야 할 지혜

 우리에게 있어서 참 지혜는 여호와를 경외하는 것이다. 이를 알지 못하는 사람은 인생을 방탕하게 살다가 엄한 심판을 받게 된다. 우리는 모두 다 언젠가 우리가 죽을 것이며, 그 후에 그 삶에 대한 하나님의 심판이 있음을 기억해야 한다. 지혜로운 마음을 달라고 기도하자.

3. 하나님의 심판

 인생에게 있어서 인생의 날을 계산하면서, 하나님 앞에서 올바르게 살 수 있는 지혜는 정말로 필요하다. 우리는 날마다 하나님을 두려워하며 우리에게 주어진 시간을 하나님의 뜻에 맞게 사용해야 한다. 인생의 날을 세며 올바르게 살 수 있는 지혜를 구하자.

회갑 ❷

여호와를 온전히 좇았으므로

찬송_ 30, 577장 | 성경_ 여호수아 14:13-15

1. 주께서 주신 장수의 복

부부 사이에 금슬이 아무리 좋고 해로하기를 간절히 원할지라도, 주께서 장수의 복을 주지 않으시면 불가능하게 된다. 갈렙이 늙었음에도 약속의 땅을 밟을 수 있었음은 주께서 장수의 복을 주셨기 때문이다. 해로를 한 부부들은 모든 영광을 하나님께 돌려야 한다.

2. 주께서 주신 건강의 복

갈렙은 고령이었음에도 애굽을 떠나던 당시와 조금도 다름이 없는 기력을 유지할 수 있었다. 이는 하늘의 복으로 말미암은 것이었다. 건강을 잃으면 해로하기가 어렵게 되며, 병석에서 맞는 회갑은 축제의 성격을 잃고 만다. 건강을 지켜 주신 주께 감사해야 하겠다.

3. 주께서 주신 화평의 복

어려움과 고난의 생애 가운데서도 장수의 나이를 즐긴다는 것은 하나님께서 화평의 복을 주신 결과이다. 만일, 하나님께서 지켜주지 않으신다면 평화가 지속되기란 어렵다. 주님의 나라에 이르기까지 화평한 가정이 이루어지도록 여호와께 신뢰를 더욱 견고히 해야 하겠다.

회갑 ❸
나를 위하여 의의 면류관이

찬송_ 27, 578장 | 성경_ 디모데후서 4:7-8

1. 인생의 싸움

사람에게는 반드시 싸워야만 할 불가피한 싸움이 있다. 이것은 인생의 목적지를 가로막는 장애물이기에 반드시 싸워야 한다. 하나님의 영광을 구하는 싸움이다. 바울은 우리의 싸움이 선한 싸움이라고 하였다. 우리는 일생 동안 전장에 임하는 군사의 자세로 살아야 한다.

2. 성도의 고난

바울은 자신의 달려갈 길을 마치기까지 숱한 고난을 경험한 사람이었다. 특별한 은사와 소명이 있다고 고난이 피해가는 게 아니다. 오히려 고난에 올바르게 대처하는 법을 배우도록 해야 한다. 고난이 따르지 않는 신앙, 어려움의 요소가 배제된 경건에는 반드시 문제가 있다.

3. 주님의 상급

바울은 자신이 주님께로부터 받게 될 상급에 관해 확신하고 있었다. 주님의 보상 기준은 행위에 근거된다. 상급을 원하는 사람들은 주어진 기회에, 좋은 열매들을 내도록 힘써야 한다. 성도는 구별된 백성으로써 영적으로 싸우며, 하나님의 상급만을 바라며 살아야 한다.

자녀의 결혼 ❶
하나님의 말씀을 들으라

찬송_ 65, 428장 | 성경_ 신명기 6:1-3

1. 하나님을 사랑하고, 이웃을 사랑하라

하나님의 말씀의 핵심은 하나님께의 사랑이다. 오직 하나이신 여호와 하나님을 마음을 다하고 성품을 다하고 힘을 다하여 사랑해야 한다. 그리고 이웃을 자기의 몸과 같이 사랑하는 것이다. 이것이 온 율법과 선지자의 강령이다. 이웃 사랑으로 하나님께의 사랑이 완성된다.

2. 하나님의 말씀을 마음에 새기라

우리가 하나님을 사랑한다면 그 증거로 나의 마음에 하나님의 말씀이 새겨지고, 늘 하나님을 묵상하게 된다. 하나님께서는 이스라엘 백성에게 복을 주시면서, 혹시라도 그들이 하나님을 잊을까 염려해서 하나님의 말씀을 마음에 새기라고 강조하셨다.

3. 여호와를 잊지 말라

사람은 물질적인 복을 받을 때, 하나님을 잊어버리고 자만해지며 세상과 우상을 따르게 된다. 그래서 하나님은 누누이 여호와 하나님을 경외하여 섬기며, 그 이름으로 맹세하고 다른 신들을 좇지 말라고 주의를 주셨다. 하나님은 질투하시는 분이기 때문이다.

자녀의 결혼 ❷

둘이 한 몸을

찬송_ 66, 429장 | 성경_ 창세기 2:21-25

1. 돕는 배필이 없음으로

하나님께서 아담을 지으셨을 때, 그에게 돕는 배필이 없어 여자를 지으셨다. 여자를 지으실 때, 아담의 몸에서 갈빗대 하나를 취하여 여자를 지으신 것이다. 여자는 남자에게서 나왔다. 이 사실은 남자가 여자를 대할 때, 자신의 몸의 일부로 받아야 한다는 것을 가리킨다.

2. 내 뼈 중의 뼈요 살 중의 살이라

하나님께서 여자를 만드신 후에, 그녀를 아담에게로 데려 오셨다. 아담은 그녀를 보자, '내 뼈 중의 뼈요 살 중의 살이라'라고 감탄하였다. 그의 이 감동은 여자를 존귀하게 여긴 고백이었다. 아담은 여자를 보는 순간, 자기 몸의 일부로서 그녀를 받아들였다.

3. 그 아내와 연합하여

하나님께서 말씀하신다. "남자가 부모를 떠나 그의 아내와 합하여 둘이 한 몸을 이룰지로다." 신랑과 신부는 결혼을 통해서 한 몸을 이루어야 한다. 둘이 합하여 한 몸을 이루는 것은 완벽한 일치, 완벽한 조화를 의미한다. 부부는 서로를 존중하며 한 몸으로 살아야 한다.

자녀의 결혼 ❸
아내를 사랑하고, 남편을 경외하라

찬송_ 64, 430장 | 성경_ 에베소서 5:22-27

1. 남편에게 복종하기를

예수님께서 교회의 머리이심과 같이 남편은 아내에게 머리가 된다. 신부는 신랑을 자기의 머리로 여겨 가정이라는 질서를 존중해야 한다. 하나님 앞에서 남편의 권위를 인정하고, 그를 머리로 받아 섬겨야 한다. 이것은 하나님께서 두 사람에게 주신 아름다운 신비이다.

2. 아내 사랑하기를

남편은 아내를 맞이하면서, 신부를 사랑해야 한다. 우리 주님께서 교회를 사랑하시고, 교회를 위하여 자기의 몸을 내어주심과 같이 아내를 사랑해야 한다. 아내를 위하여 자신의 몸을 내어주는 남편의 사랑은 하나님께서 두 사람에게 주신 은혜로운 신비이다.

3. 그 둘이 한 육체가

결혼을 해서 부부가 된 사람들은 이제 둘이 아니라 하나이다. 남자와 여자가 둘이 한 몸을 이룸은 하나님께서 우리에게 주신 신비이다. 두 사람은 한 몸을 이루기 위하여 연합해야 한다. 아내는 남편에게 복종하고, 남편은 아내를 사랑하여 한 몸이 되게 해야 한다.

불화 ❶

조금 나아가 땅에 엎드리어

찬송_ 91, 288장 | 성경_ 마가복음 14:32-38

1. 심히 고민하여 죽게 되었으니

주님께서는 공생애의 시간을 하나님의 일로 살아가셨지만, 자신의 죽음 앞에서 괴로우셨다. 그때, 예수님께서 선택하신 것은 하나님을 찾는 기도였다. 기도를 통하여 아버지 하나님께로 나아가신 주님이시다. 위기가 올 때는 하나님께 더 가까이 다가가야 하는 시간이다.

2. 땅에 엎드리어

주님의 땅에 엎드리심은 하나님께 자기를 내어맡기는 굴복의 표현이었다. 하나님께서는 엎드리는 자를 도우신다. 엎드린 시간에 하나님과 깊은 교제를 나누게 된다. 그러므로 이 자리는 은혜의 자리이다. 삶에 위기가 찾아올 때, 여호와의 앞에 엎드리는 은혜를 구하자.

3. 아버지의 원대로

하나님은 예수님께서 마셔야 하는 잔을 마시게도, 옮기실 수도 있으시다. 그러나 예수님은 "나의 원대로 마옵시고 아버지의 원대로 하옵소서"라고 간구하셨다. 이것이 기도의 의미이다. 기도는 나의 소원을 아뢰는 것보다 하나님의 뜻을 찾는 것이다.

불화 ❷
여호와께서 증인이 되시는 부부

찬송_ 15, 287장 | 성경_ 말라기 2:14-16

1. 배우자에게 충실해야 하는 부부

한 남자가 여자를 아내로 맞아들임에는 여호와께서 증인이 되신다. 아내를 맞이한 남자는 그녀에게 남편으로서의 의무에 성실해야 한다. 아내로 맞아들이면서 약속한 것을 지키도록 최선을 다해야 한다. 부부는 하나님 앞에서 배우자에 대한 약속에 충실해야 한다.

2. 궤사를 행치 말아야

때때로 연약한 여자들이 불이익을 당하게 되는 경우가 허다하다. 이것은 하나님의 법칙에 어긋나는 일이다. 주 안에서는 남녀가 평등하므로 성도는 여자를 해롭게 하는 일이 있어서는 안 된다. 사랑하고, 신뢰하는 관계를 위하여 서로의 마음을 열어 진실을 나누어야 한다.

3. 이혼이나 학대를 금해야

오늘날, 매 맞는 아내들이 있음을 부인할 수 없다. 아내에게 폭력을 행사하는 것은 여자의 존재가 하나님의 피조물이라는 것을 망각하는 처사이다. 어떠한 경우에도 배우자에게 폭력을 금해야 한다. 더욱이 이혼이나 학대 등으로 하나님의 권위를 무시해서도 안 된다.

불화 ❸

주 안에서 마땅한 부부관계

찬송_ 24, 289장 | 성경_ 골로새서 3:18-19

1. 존경하기를 서로 먼저 하라

남편은 아내에게 주신 하나님의 선물이다. 아내 역시 남편을 위하여 하나님께서 주신 선물이다. 이에, 두 사람은 자신들이 서로 섬기고 사랑하여 한 몸을 이루어야 한다. 하나님께서 존귀하게 여기시는 성도를 나를 위하여 주셨다고 배우자를 받아들이는 부부가 되어야 한다.

2. 자기 직무에 최선을 다하라

아내는 남편에게 복종하라고 하였다. 하나님께서 그녀에게 남편을 주심은 그에게 복종하기를 원하시는 하나님의 의도였다. 남편은 아내를 사랑하며 괴롭게 하지 말라고 하였다. 하나님께서 그에게 아내를 주심은 그녀를 사랑하고, 괴롭히지 않기를 원하시는 하나님의 의도였다.

3. 열심을 품고 주를 섬겨라

부부가 되었다고 해서 한 몸이 되는 것은 아니다. 한 사람의 인생으로서 자신의 삶을 준비하면서 인격을 형성해 왔으니 서로가 다른 지체일 뿐이다. 남녀가 부부의 약속을 하였으므로 한 몸이 되기 위한 대가를 지불해야 한다. 그것은 자신들을 하나님께 맡기는 것이다.

차이를 극복하지 못함 ❶
그 둘이 한 육체가 될지니

찬송_ 31, 349장 | 성경_ 에베소서 5:22-33

1. 아내의 의무

부부의 공동체에는 하나님의 뜻 안에서 남편과 아내의 위치가 있다. 아내의 위치는 남편에게 복종하는 것이다. 이는 물론 남편의 부당한 명령까지도 복종해야 한다는 것은 아니다. 남편의 권위를 인정해야 한다는 것이며, 남편을 주관하려는 태도는 옳지 못함을 교훈해 준다.

2. 남편의 의무

남편에게도 아내에 대한 의무가 주어졌는데 그것은 아내를 사랑해야 한다는 것이다. 남편의 아내에 대한 모습은 주님께서 교회를 사랑하심에 대한 구현이다. 따라서 사랑이 없는 남편은 아무리 외적 조건들을 충족시켜 준다 할지라도 자신의 의무를 다하지 못하는 것이 된다.

3. 둘이 한 육체

부부가 되었으니, 이제 둘이 한 육체를 이루어야 한다. 자신을 배우자에게 맞추어서 한 몸을 이루려면 이기적인 생각들을 버려야 한다. 서로 양보하고, 조금만 더 사랑한다면 이견을 좁히고, 마찰을 해소하게 된다. 자신의 뜻을 양보하고, 배우자에게 자기를 맞추자.

차이를 극복하지 못함 ❷
장가 간 자, 시집 간 자

찬송_ 17, 346장 | 성경_ 고린도전서 7:32-34

1. 세상을 좇지 않도록 경계해야

결혼을 한 후에, 경건하지 못한 핑계를 대는 남편이나 아내를 보게 된다. 그들에게는 가정에 대한 책임감이라는 미명 아래 세상을 좇아서 행하게 될 구실이 생긴다. 이를 경계해야 한다. 덫이란 걸리면 빠져 나오기가 쉽지 않으므로 걸리지 않도록 주의해야 한다.

2. 가정이 우상이 되지 않도록 경계해야

부부들이 빠지기 쉬운 마귀의 함정이 바로 가정이라는 우상이다. 주님의 일보다 남편의 일이 더 우선순위에 놓이게 되기 십상이다. 주님의 말씀보다 남편이나 아내의 말이 더 가깝게 느껴지기 한다. 그때, 그들의 영적 상태는 매우 심각하게 병들어 가는 것이다.

3. 자신을 거룩히 하도록 힘써야

부부는 세상을 좇지 않고, 하나님의 말씀 따라 거룩한 삶을 살아야 한다. 이 세상은 우리를 더럽게 하는 악한 요소들로 가득 차 있기 때문에 부단히 노력하고 애써야만 이에 물들지 않게 된다. 모든 불의에서 떠나 주의 뜻을 좇는 거룩한 가정을 세우도록 힘써야 한다.

차이를 극복하지 못함 ❸
둘이 아니요 한 몸이니

찬송_ 40, 355장 | 성경_ 마태복음 19:5-6

1. 하나님의 의도
예수님께서 말씀하시기를, 남자와 여자를 지으신 하나님께서 그들에게 부모를 떠나도록 하였다고 하셨다. 그러므로 부부는 두 사람이 결합하는 단순한 인간적인 한 몸이 아니다. 하나님께서 사람을 위하여 사람에게 의도하신 계획이다. 부부로 살아가는 것은 하나님의 은혜다.

2. 배우자에 대한 거룩함의 유지
예수님께서 부부에 대하여 강조하시기를, "이제 둘이 아니요 한 몸이니"라고 하셨다. 부부는 결코 한 몸이라는 사실에서 떠날 수 없다. 하나님께서 한 몸이 되게 하셨으므로 서로를 존중해야 한다는 것이다. 이에, 부부는 서로에게 순결하여 거룩함을 유지해야 한다.

3. 나눌 수 없는 관계
친구는 만났다가 헤어질 수도 있다. 동료는 함께 하였다가 따로 갈 수도 있다. 그러나 부부는 자기를 주장하여 나눌 수 없다. 하나님께서 짝을 지어주셨으니, 배우자를 선물로 받아 한 몸을 이루어가야 한다. 만일, 이혼을 한다면 그것은 하나님께 도전하는 행위가 된다.

배우자의 외도 ❶

간음치 말라

찬송_ 39, 93장 | 성경_ 마태복음 5:27-32

1. 음욕을 품고 여자를 보는 자

가정이 우리에게 주신 하나님의 복이라면, 사탄은 우리의 가정을 파괴시키려 한다. 사탄은 가정이 파괴되는 것을 즐기려 한다. 하나님께서는 우리에게 성의 신비를 주셔서 부부관계에서 사랑하게 하신다. 그러나 사탄은 성을 더럽히려고, 음욕을 품고 여자를 보게 한다.

2. 음욕의 통로

예수님께서는 보는 것으로 말미암아 음욕을 품게 된다면 눈을 빼버리고, 행동으로 말미암아 음욕을 품게 된다면 손을 빼버리라고 하셨다. 우리의 몸은 하나님의 성령님께서 계시는 거룩한 처소이다. 고의로 몸의 일부를 죄에 내어주어, 자신에게 죄를 짓도록 해서는 안 된다.

3. 거절해야 할 죄

몸의 일부가 자신을 실족하게 하거든 빼버리라는 주님의 말씀은 죄가 들어오는 기회를 거절하라는 뜻이다. 우리는 주 예수님의 피를 뿌림을 몸으로 받아 거룩한 백성이 되었다. 자기를 음란에 내어주어 죄를 지어 가정을 파괴하고, 자기를 멸망에 이르게 해서는 안 된다.

배우자의 외도 ❷

간음하지 말라

찬송_ 16, 423장 | 성경_ 출애굽기 20:14

1. 기독교의 부부윤리

부부는 한 남자와 한 여자가 그들의 부모를 떠나는 것이다. 여기에서, 부모를 떠난다는 의미는 단순히 독립인생의 의미이지, 부모와 자식과의 인연을 단절한다는 게 아니다. 두 사람은 결혼을 통해서 부부라는 독립된 하나의 인격을 만든다. 남편과 아내는 한 몸을 이룬다.

2. 부부의 신비

부부는 벌거벗었으나 부끄러워하지 않는 사이이다. 아내와 둘이 합하였으니 일부일처이며, 부끄럼이 없는 한 몸을 강조한다. 남자와 여자 두 사람이 마음으로, 육체로, 인격으로 한 몸을 이루는 연합이다. 아내는 남편의 가슴에 안겨 사랑 받으며, 남편에게 위로가 되어야 한다.

3. 성의 즐거움

부부가 되었다는 것은 성을 즐기는 것을 두 사람의 것으로 여긴다는 의미이다. 부부가 배우자가 아닌 사람과 성을 즐기면 간음죄를 짓게 된다. 하나님께서 부부에게 성을 허락하신 것은 두 사람에게 주신 선물이다. 쾌락을 위하여 배우자가 아닌 사람과 성을 즐겨서는 안 된다.

배우자의 외도 ❸

쾌락을 사랑하지 말라

찬송_ 30, 425장 | 성경_ 디모데후서 3:1-4

1. 부부에 대한 예의

부부는 배우자의 인격을 존중하여 자신의 몸을 경건하게 다스려야 한다. 배우자의 인격에 손상을 입히기거나 상처가 되는 행동에 주의를 기울여야 한다. 부부에 대한 애정과 신뢰로 자신의 책임을 다해야 한다. 배우자 외에 다른 대상을 통해서 성을 즐기려 해서는 안 된다.

2. 육체를 거스르는 죄

하나님께서 사람에게 성을 허락하신 것은 부부에게 주시는 즐거움이다. 만일, 남편이나 아내가 배우자에게서 성의 만족을 채우지 못한다 하여 다른 대상을 찾는다면 이미, 간음이다. 하나님께서 정하신 방법이 아닌 방법으로 성의 쾌락을 얻으려 하기 때문에 죄가 된다.

3. 쾌락을 거절하라

부부는 성의 즐거움을 통해서 서로의 사랑을 풍성히 하게 된다. 성교가 주는 순간의 희락은 배우자와 함께 공유하는 기쁨이다. 그러므로 부부의 어느 한쪽에서 배우자가 아닌 상대와 성의 희락을 추구하려 해서는 안 된다. 하나님께서는 몸으로 짓는 죄를 묵과하지 않으신다.

고부의 갈등 ❶

룻과 나오미 - 고부의 정

찬송_39, 451장 | 성경_룻기 1:15-18

1. 며느리들을 돌려보내려는 시어머니

베들레헴에 흉년이 들어 모압으로 가서 살던 나오미는 남편과 두 명의 아들이 죽어 장사를 지내었다. 베들레헴에 흉년이 그치자, 나오미는 고향으로 돌아오려 하면서 며느리들을 친정으로 돌려보내려 하였다. 남편과 아들들을 잃고 고향으로 돌아가려는 자신이 몹시 슬펐다.

2. 시어머니를 떠나지 않음

모압 여자 오르바는 나오미의 설득에 고향에 남기로 하고, 시어머니를 떠났다. 그러나 룻은 시어머니를 떠나지 않겠다고 하였다. "어머니께서 가시는 곳에 나도 가고 어머니께서 유숙하시는 곳에서 나도 유숙하겠나이다." 룻은 시머어니를 떠나지 않으려 결심하였다.

3. 시어머니의 하나님을 선택함

"어머니의 백성이 나의 백성이 되고 어머니의 하나님이 나의 하나님이 되시리니." 룻은 시어머니의 하나님을 자기의 하나님으로 선택할 것을 결심하였다. 그녀는 나오미에 대하여 혈통적인 인연보다 영적인 인연을 선택하였다. 자신의 삶에 하나님을 선택한 것이다.

8. 가정의 위기

고부의 갈등 ❷
시어머니에게 효성을 다한 여인

찬송_ 28, 455장 | 성경_ 룻기 2:10-13

1. 겸손한 여인

룻은 보아스 앞에서 땅에 엎드려 절하였다. "당신이 어찌하여 내게 은혜를 베푸시며 나를 돌아보시나이까?" 그녀는 자신을 돌아보는 보아스에게 감사하다는 정도로 인사를 할 수도 있었지만 땅에 엎드려 사례하였다. 하나님께서는 겸손한 사에게 은혜를 더하신다.

2. 효성을 다하는 여인

보아스가 그녀에게 대답하였다. "네 남편이 죽은 후로 네가 시모에게 행한 모든 것과 네 부모와 고국을 떠나 전에 알지 못하던 백성에게로 온 일이 내게 분명히 들렸느니라." 룻의 효성에 대한 소문을 이미 들어서 알고 있다고 하였다. 룻이 나오미를 모시려 했음을 칭찬하였다.

3. 감사를 잊지 않은 여인

"당신이 이 시녀를 위로하시고 마음을 기쁘게 하는 말씀을 하셨나이다." 룻은 보아스가 자기의 마음을 위로해 주었음에 감사하였다. 그녀는 감사한 마음을 먼저 표시하고, 그 다음에 더욱 큰 은혜입기를 구하였다. 감사를 아는 사람을 하나님께서 귀하게 받으신다.

고부의 갈등 ❸
룻이 보아스의 아내가 되다

찬송_ 18, 449장 | 성경_ 룻기 4:13-17

1. 보아스와의 결혼

"이에 보아스가 룻을 취하여 아내를 삼고"라고 하였다. 룻이 보아스와 결혼하였다는 것을 말해준다. 이 결혼은 나오미가 며느리에게 선물로 준비해 준 것이다. 며느리가 자신을 기쁘게 해준 것에 대한 보답으로 룻의 한 평생을 위하여 결혼을 주선하였다.

2. 아들을 낳은 룻

"여호와께서 그로 잉태케 하시므로 그가 아들을 낳은지라"라고 하였다. 룻이 아들을 낳았다는 것은 하나님께서 그녀에게 선물을 주셨다는 의미이다. 아들을 얻음은 룻이 하나님께로부터 복을 받았음을 많은 이들에게 알리는 것이 되었다. 하나님께서 주신 복은 증거가 된다.

3. 복을 받은 나오미

여인들이 나오미를 보면서 축복하였다. 그리고 그녀들은 룻이 낳은 아들에게도 축복하였다. "이 아이의 이름이 이스라엘 중에 유명하게 되기를 원하노라"라고 하였다. 며느리의 복된 삶을 위하여 결혼을 주선한 나오미는 이스라엘에서 복된 여인이 되었다.

업무 자세 ❶
주인 앞에서의 종

찬송_ 14, 370장 | 성경_ 골로새서 3:22-25

1. 성실하라

우리는 저주 아래에 있었던 옛 사람의 생활을 버리고, 하나님의 뜻을 좇아야 한다. 만일, 자신이 종이라면 주인만을 의식하지 말고, 주를 두려워하여 성실한 마음으로 일해야 한다. 주를 두려워하는 사람은 종의 일을 함에 있어서 사람에게 보이려고, 눈가림으로 하지 않는다.

2. 주께 하듯 하라

우리는 무슨 일을 하든지 마음을 다하여 주께 하듯 해야 한다. 만일, 우리가 사람에게 하듯 하면 사람의 종이라는 것을 증명할 뿐이다. 하나님께 하듯 할 때, 최선과 최고의 열매를 맺는다. 비록 낮은 신분이지만, 이러한 자세로 일하는 종은 주께로부터 유업의 상을 받게 된다.

3. 사람의 중심을 보시는 하나님

하나님께서는 자기의 자녀들에게 상을 주시려 하신다. 그러므로 만일, 하나님을 무시하거나 속이고, 사람에게 하듯 할 때는 불의에 대한 보응을 하신다. 이로써 하나님께서는 사람에게서 기만당하지 않으신다는 것을 나타내시고, 의를 행한 자녀들에게 의의 보응을 받게 하신다.

업무 자세 ❷
하나님께 의로운 사람

찬송_ 86, 388장 | 성경_ 마태복음 1:18-25

1. 지혜롭게 해결하려 하라

요셉은 자신에게 닥쳐진 문제를 지혜롭게 해결하려 하였다. 마리아가 다치지 않고, 문제를 처리하려 하였다. 자신이 감당해야 할 억울함이나 분노보다 마리아를 더 염려하여, 여인의 장래를 생각하여 가만히 끊고자 하였다. 그는 순간의 감정에 따르지 않고, 지혜롭게 하였다.

2. 성령님께 민감하라

요셉이 고민하고 있을 때, 주의 사자가 꿈에 나타나 마리아의 임신이 성령으로 된 것이라고 들려주면서, 아기의 이름을 예수라 하라고 당부하였다. 하나님의 신비적인 역사를 확인하게 된 것이다. 요셉의 경건은 그에게 예수님의 아버지가 되는 영광을 안겨 주었다.

3. 분부대로 행하라

요셉은 천사의 지시를 좋게 받아들였다. 그는 하나님의 말씀에 순종하는 사람이었다. 아들을 낳기까지 동침하지 않고 기다렸다. 아들을 낳으매 주의 사자의 명령대로 이름을 지었다. 하나님께서는 말씀에 순종하는 사람을 찾으신다. 순종을 통해서 하나님의 일을 나타내신다.

업무 자세 ❸

그리스도 복음에 합당하게

찬송_ 22, 377장 | 성경_ 빌립보서 1:27-30

1. 복음에 합당하게 하라

   복음의 내용은 예수님이시다. 예수님은 하나님의 자녀들에게 삶의 모델이시다. 우리는 생활 속에서 주님을 따르고, 주님의 모습을 드러내야 한다. 공생애의 삶을 사셨던 예수님의 발자취는 우리가 따를 삶의 내용이며, 그것을 따름으로써 하나님의 자녀답게 살아가게 된다.

2. 대적을 두려워 말라

   사탄은 우리에게 대적을 일으켜서 우리로 하여금 두려워하게 한다. 세상의 공중권세를 잡고 있는 세력이 우리를 훼방하여 믿음을 지키기를 어렵게 한다. 사회적인 환경을 교묘하게 이용해서 복음에 합당하게 살기에 어렵게 한다. 우리는 대적의 세력 앞에 담대해야 한다.

3. 싸우라, 싸우라!

   복음에 반대하는 것들을 물리쳐야만 복음에 합당하게 된다. 그래서 바울은 이를 싸움이라고 비유하였다. 우리는 예수님을 믿을 뿐만 아니라 주님을 믿는 믿음을 위해서 고난도 받아야 한다. 사탄의 유혹으로부터 복음의 진리를 끝까지 수호하는 싸움의 전사가 되어야 한다.

승진 ❶
여호와는 나의 목자

찬송_ 93, 378장 | 성경_ 시편 23:1-3

1. **아쉬울 것이 없게 하시는 하나님**

   "내게 부족함이 없으리로다." 자녀가 부모의 보호 아래 있을 때, 어려움에서도 만족을 누리게 된다. 아쉬울 것이 없는 만족감은 하나님이 나의 목자이심에서 얻어진다. 혹시 우리의 수입이 감소되는 경우가 생겨도, 하나님의 보호로 살아가는 은혜를 누리게 된다.

2. **풀밭에서 쉬게 하시는 하나님**

   "그가 나를 푸른 초장에 누이시며." 양에게 있어서 가장 좋은 것은 양식이 풍부한 초장에서 논다는 것이며, 목이 마를 때, 물을 마심이다. 우리는 잠시 수입이 감소된다고 불안해하지 말고, 하나님을 목자로 삼아야 한다. 나를 인도하시는 하나님께 삶의 소망을 두어야 한다.

3. **영혼을 소생시켜 주시는 하나님**

   "내 영혼을 소생시키시고." 사람의 영혼은 하나님을 찾고, 하나님과 교제를 누리게 되는 통로이다. 육체는 먹고 마시는 것으로 힘을 얻지만 영혼은 하나님에 의해서 생기를 얻는다. 우리의 삶에서 영혼이 잘 되어야 범사가 잘 되고 강건해진다.

승진 ❷
그 걸음을 인도하시는

찬송_ 32, 449장 | 성경_ 잠언 16:3-9

1. 주를 온전히 의뢰해야

본문의 말씀은 사람의 생애가 하나님의 손에 달려 있음을 강조한다. 사람이 자기 자신의 경영에 있어서 성취를 위한 기본 요건은 여호와를 온전히 의뢰하는 것이다. 우리는 어디로 가든지, 무슨 일을 계획할 때, 그것을 하나님께 맡기는 전적인 의뢰를 보여드려야 한다.

2. 주의 뜻을 이해해야

본문에서 주는 의미는 하나님의 뜻은 완전하며 반드시 성취된다는 사실이다. 그러나 사람의 생각이나 계획은 수없이 많이 바뀌고, 시행착오를 거듭하게 된다. 하나님의 뜻을 아는 것이 지혜요. 하나님의 뜻을 아는 사람이 실패하지 않고, 진정한 성공과 부요에 이르게 된다.

3. 주를 기쁘시게 해야

일의 성취가 여호와로 말미암는 것이 사실이라면, 일의 성취를 위한 가장 완전한 지름길은 주를 기쁘시게 해드리는 것이다. 우리가 마음을 먹는 것이나 생각하는 것에서 믿음으로 행할 때 주께 기쁨이 된다. 하나님의 말씀에 순종하면서 자기의 뜻을 바라보자.

승진 ❸
다섯 달란트 받았던 자

찬송_ 22, 450장 | 성경_ 마태복음 25:14-21

1. 일을 맡은 자세

일을 맡긴 사람이 가장 기뻐하는 것은 자신의 뜻을 바르게 파악하고 이를 좇아서 행하는 것이다. 아무리 뛰어난 능력을 소유한 사람일지라도 주인의 뜻을 알지 못하면 칭찬받지 못 한다. 하나님의 뜻을 바로 알고 힘쓰는 사람들에게 일을 더 맡기시고, 성취의 복을 주신다.

2. 자기에게 맡겨진 분량에 충성

아무리 값싼 것일지라도 노력함이 없이 얻을 수 있는 것은 없다. 필요한 만큼의 충분한 땀과 눈물이 투자될 때 비로소 원하는 것들을 얻게 된다. 자신의 비전을 성취하는 것에도 동일한 원리가 적용된다. 맡겨진 게 적더라도 충성하고 최선을 다해야 인생의 미래가 밝아진다.

3. 성취의 열매는 하나님의 손에

인생의 삶에서 성취나 진보는 하나님께서 함께 하셔야 한다. 하나님은 부지런한 종, 열심을 다하는 종에게 손을 내미신다. 게으른 자들은 하나님께로부터 복을 기대할 수 없다. 우리가 성공을 하든, 실패를 하든 인생의 주권은 하나님의 손에 있다. 하나님의 주권을 인정하라.

사업장의 경영 ❶

나의 지경을 넓혀 주옵소서

찬송_ 30, 405장 | 성경_ 역대상 4:9-10

1. 지경을 넓혀 주시는 하나님

자신의 지경을 넓혀달라고 간구하였다. 지경이란 단순히 살아가는 땅이라기보다는 한 사람이 일을 하며 살아갈 수 있는 환경이다. 사람이 자신의 꿈을 성취하며 살아갈 수 있는 여건이다. 하나님께서는 그에게 지경을 넓혀 주시기를 원하셨다. 지경을 넓혀주시는 하나님이시다.

2. 손으로 도와주시는 하나님

주의 손으로 도와달라고 간구하였다. 야베스를 향하신 하나님의 의도는 그가 하나님의 도우심을 구할 때, 응답해 주시고, 그 도움으로 살아가기를 바라신 것이다. 하나님의 손은 하나님의 임재와 능력을 말한다. 하나님은 '지금, 여기에서' 나를 도우시기를 기다리고 계신다.

3. 근심이 없게 하시는 하나님

환난을 벗어나 근심이 없게 해달라고 간구하였다. 하나님이 주시는 복된 삶을 유지하기 위한 애원과 사탄의 유혹에서 나를 보호해 달라는 간구다. 고난 가운데 넘어진 사람보다 성공 후에 넘어진 사람이 더 많으니, 받은 복을 잘 유지할 수 있도록 늘 깨어 기도해야 한다.

사업장의 경영 ❷
우리를 도우시는 하나님

찬송_ 74, 556장 | 성경_ 역대상 12:19-22

1. 사방에서 사람을 보내주시는 하나님

20절, "다윗이 시글락으로 갈 때에 므낫세 지파에서 그에게로 돌아온 자는 아드나와 요사밧과 여디아엘과 미가엘과 요사밧과 엘리후와 실르대이니 다 므낫세의 천부장이라." 다윗을 위하시는 하나님의 열심은 그에게 지도자들을 보내주셨다. 그들은 스스로 찾아온 것이다.

2. 능력을 갖춘 사람을 보내주시는 하나님

21절, "이 무리가 다윗을 도와 도둑 떼를 쳤으니 그들은 다 큰 용사요 군대 지휘관이 됨이었더라." 다윗에게로 온 자들은 아주 강하고 힘이 있고 능력이 있었다. 후일에, 다윗이 강성하게 된 것은 돈 있는 자, 권세 있는 자, 재능 있는 자, 기도하는 자들이 있었기 때문이다.

3. 날마다 사람을 보내주시는 하나님

22절, "그 때에 사람이 날마다 다윗에게로 돌아와서 돕고자 하매." 하나님께서는 다윗에게로 날마다 사람을 보내주셨다. 날마다 사람들이 모이니 큰 군대와 같게 되었다. 이들은 모든 것을 갖추고 찾아왔다. 나를 위하시는 하나님께서 사람들을 내편이 되게 하심에 예민하자.

사업장의 경영 ❸

바벨론 왕궁의 다니엘

찬송_ 35, 391장 | 성경_ 다니엘 2:44-49

1. 하나님만 높이도록 하시는 하나님

다니엘은 여호와를 의뢰하였다. 그는 나라가 망하고, 바벨론으로 끌려갔으나, 사람을 두려워하지 않았다. 그는 느부갓네살의 꿈을 해석하기 전에, "오직 은밀한 것을 나타내실 자는 하나님"이시라고 천명하였다. 하나님께서는 그가 이방의 왕 앞에서 하나님을 높이게 하셨다.

2. 확신을 갖게 하시는 하나님

하나님께서 다니엘에게 느부갓네살 왕의 꿈을 해석해 주셨다. 그는 느부갓네살에게 꿈을 해석하면서, 꿈의 해석이 하나님께로부터 왔기에, 꿈에 대한 해석이 참되다는 것을 선포하였다. 이로써 꿈의 해석이 하나님으로 말미암음을 알리면서 하나님의 위대하심을 증거하였다.

3. 친구들을 배려하게 하시는 하나님

느부갓네살 왕은 다니엘의 해석에 감동해서 엎드려 절하였다. 다니엘에게 꿈을 해석하도록 하신 하나님을 높이 찬양하였다. 하나님의 위대하심을 인정하였다. 왕이 다니엘을 높여 바벨론 온 도를 다스리게 할 때, 그는 사드락, 메삭, 아벳느고를 세우기를 왕에게 요청하였다.

사업장의 부진 ❶
일을 행하시는 하나님을 바라보자

찬송_ 75, 400장 | 성경_ 신명기 1:29-33

1. 우리를 위해 대신 싸워 주시는 하나님

하나님께서는 이스라엘 백성을 위하여 싸우셨다. 대적을 향해서 우리를 대신해서 싸워주시는 하나님이 계시므로 두려울 수 없다. 나를 위하여 나의 원수와 싸워주시는 하나님께 시선을 고정하자. 어떤 대적도 능히 막아주신다. 우리를 위해 싸우시는 하나님을 바라야 한다.

2. 어렵고 힘들 때 안아 주시는 하나님

하나님께서 안아주셨기 때문에 이스라엘 백성은 광야를 지날 수 있었다. 건널 수 없는 바다와 강, 또는 불 가운데 지날 때, 하나님을 그들을 안고 가셨다. 우리를 늘 안아주시고 보호하시는 하나님을 바라보아야 한다. 여호와의 품에서 어려움을 이겨내게 하심을 기대하자.

3. 우리의 행할 길을 인도하시는 하나님

하나님께서는 우리가 어떻게 행해야 하는지를 인도하신다. 또한 우리에게 구원을 길을 알려주신다. 자기의 자녀를 사랑하시는 하나님께서는 은혜와 복의 길로 인도하신다. 자녀가 부모를 따르면 평안하게 되고 복을 누리듯이, 하나님의 인도를 잘 따라가면 복 받는 삶을 산다.

사업장의 부진 ❷

주를 앙모하는 자녀

찬송_ 19, 446장 | 성경_ 시편 63:1-4

1. 주는 나의 하나님이시라

다윗은 하나님을 자기의 목자로 의지하면서 일생을 보내었다. 그는 압살롬의 군대에 의해 회복할 수 없어 보일 정도로 크게 패배했었다. 그의 대적들은 단숨에 다윗을 몰아 붙여 그를 전멸시키려고 했지만 다윗은 절망하지 않고, 하나님을 바라보는 침묵을 지켰다.

2. 일하시는 하나님의 손

다윗은 자기를 대신해서 일하시는 하나님의 손을 바라보았다. 그는 스스로 일어나 대적을 치려하려 하지 않았다. 모든 것을 하나님께 맡기고 하나님을 기다리기로 했던 것이다. 이 상황에서 그를 구원해 주실 분은 오직 하나님 한 분밖에 없다고 믿었기 때문이다.

3. 내 영혼이 주를 갈망하며

다윗의 하나님은 오늘, 우리에게 어떤 어려움에서도 하나님만을 바라보고 의지하는 은혜를 주신다. 우리는 다윗과 같이, 오직 하나님만이 피할 바위이시며, 어려움에서 건져내실 유일한 분이시라는 분명한 확신을 갖기 위해 기도하자. 잠잠히 하나님을 바라보는 사람이 되자.

사업장의 부진 ❸

이 모든 일에

찬송_ 23, 449장 | 성경_ 욥기 1:20-22

1. 고난 중에도 주께 감사

욥은 필설로 다할 수 없는 극심한 곤경 가운데서도 주께 감사했으며, 주께 영광을 돌렸다. 일이 잘 되고 어려움이 없을 때, 주께 감사하기란 그리 어려운 일이 아니다. 하지만 일이 안 되고 사방으로 우겨 쌈을 당할 때 주께 감사한다는 것은 쉽지 않다. 감사를 잃지 말라.

2. 주의 뜻에 온전히 순종

욥은 자신에게 일어난 모든 일들이 주께로 말미암은 줄 알고 묵묵히 순종하였다. 자기 자신이 원하는 것만 순종하고 원하지 않는 것들에 대해서는 이의를 제기한다면, 하나님의 사람이 취할 태도가 아니다. 하나님의 뜻은 우리에게 무조건적인 순종을 요구한다.

3. 죄와 불의를 멀리

욥은 까닭 없이 맞는 매를 인하여 원망이나 불평을 터뜨릴 수도 있었다. 그러나 오히려 주를 찬송하였다. 곤경은 우리로 걸려 넘어지게 하는 올무가 되기 쉬운데 이에 빠지지 않도록 조심해야 한다. 성도는 고난 중에도 감사하며 순종하며 죄와 불의에서 멀리해야 한다.

이사(줄여가는) ❶

끝까지 사랑하시니라

찬송_ 96, 137장 | 성경_ 요한복음 13:1

1. 사랑의 하나님

성경을 보면 하나님은 사랑의 하나님이시다. 하나님은 죄를 미워하시고 악을 끊으시는 거룩하시지만 에덴동산의 아담과 하와에게 가죽옷을 지어 입혀서 추방하셨으며, 최초의 살인자 가인이 죽임을 당하지 않도록 보호해 주셨다. 사람에 대하여 끝까지 사랑하신 것이다.

2. 끝까지 사랑하시는 하나님

하나님은 홍수로 죄악 세상을 심판하시는 순간에도, 믿음의 가정을 보호하심으로 사랑을 나타내 보이셨다. 그 하나님의 사랑이 예수님을 통해서 우리에게 나타나셨다. 자기 백성에 대한 하나님의 사랑은 영원하며 완전하시다. 그러므로 우리는 어떤 경우에도 낙심하지 않는다.

3. 복을 베풀어 주시는 하나님

나를 자녀로 삼으시고, 천국 백성이 되게 하셨으니, 그 무엇도 우리를 하나님의 사랑에서 끊을 수 없다. 하나님께서는 우리를 놓으시지 않으신다. 혹시 우리가 죄를 지어 잠시 고난을 당하게 된다 해도 우리를 위하심에는 변함이 없으시다. 죄를 회개하면 복을 베풀어 주신다.

이사(늘려가는) ❷
오늘, 나에게 순조롭게

찬송_ 40, 488장 | 성경_ 창세기 24:10-14

1. 기도의 사람

엘리에셀은 길을 떠나 아브라함의 고향 땅 나홀의 성에 이르게 된다. 그는 제일 먼저 기도하였다. "여호와여 원컨대 오늘날 나로 순적히 만나게 하시기를 원합니다." 청지기의 삶은 기도에서 시작된다. 충성을 다하는 종이 되는 지름길은 기도에서 시작된다는 것을 잊지 말자.

2. 지혜의 사람

엘리에셀은 하나님의 인도를 구하면서 지혜를 나타내었다. 이삭의 신붓감을 찾을 때, 자신과 약대들에게도 물을 길러 주기를 생각하였다. 앞으로 아브라함의 모든 재산을 맡아 안 살림을 감당할 여자는 사람과 짐승에게까지도 물을 먹일 줄 아는 사람이여야 한다는 것이었다.

3. 감사의 사람

엘리에셀은 리브가의 말을 듣고 여호와께 경배하였다. 제대로 찾아왔고, 제대로 만났다는 기쁨에서 하나님께 감사하였다. 그에게 순적하게 하신 하나님이시다. 그는 여호와의 이름을 즐거워하였다. 이것은 감사의 찬송이다. 우리는 하나님의 은혜를 묵상하면서 감사해야 한다.

이사 ❸
의인의 장막에 기쁜 소리

찬송_ 17, 488장 | 성경_ 시편 118:15-16

1. 영적인 기쁨이 충만하다

하나님께서는 의를 행하는 사람, 주의 편에 서는 사람들에게 큰 복을 내려 주신다. 영적인 기쁨은 죄를 따라가는 사람들이 맛볼 수 없는, 오직 의인들에게만 허락되는 하늘의 복이다. 이 기쁨을 가진 사람이라야 환경의 영향을 받지 않으며, 회의나 절망에 빠지지 않게 된다.

2. 주께서 능력을 배푸신다

의를 따르는 사람들에게 여호와의 응답은 복으로 나타난다. 그 응답은 의를 추구함에 대한 보상인데, 하늘로부터 능력이 임한다. 이 능력을 소유한 사람은 어떠한 환경이나 처지에 있든지 위대한 일을 할 수 있다. 이 능력은 세상에서 얻을 수 있는 것들과 비교될 수 없다.

3. 영원히 실족치 아니한다

의를 따르는 사람들은 하늘의 은혜로 영원히 부족함이 없게 된다. 훌륭한 가문은 의를 행하는 여부가 결정해 준다. 따라서 성도들은 세상의 흐름에 관계없이 의의 편에 서도록 특별히 힘써야만 하겠다. 오늘, 이 가정을 의롭다 여기시고, 장막을 허락해주신 은혜에 감사드리자.

구입 ❶
믿음, 소망, 사랑의 손

찬송_ 24, 487장 | 성경_ 출애굽기 17:8-13

1. 지팡이를 잡은 믿음의 손

모세가 손에 잡은 지팡이는 하나님께서 이스라엘 백성과 함께 하시는 상징이었다. 그는 이스라엘 백성을 인도하면서 한 번도 지팡이를 손에서 놓은 적이 없었다. 하나님은 우리의 믿음을 따라 역사하신다. 모세는 하나님이 함께 하셔서 많은 능력을 행하였다.

2. 두 팔을 올려서 기도하는 손

여호수아가 아말렉의 군사들과 싸울 때, 모세는 하나님을 향해서 두 팔을 벌렸다. 그가 두 손을 든 것은 하나님께 소망이 있음을 나타내는 것이었다. 이 전투가 하나님께 달려 있음을 고백하며, 하나님의 도우심을 소망하였다. 하나님은 소망하는 자에게 능력으로 역사하신다.

3. 손을 붙들어 올리는 손

모세의 손이 내려오자 전세는 역전되고 말았다. 이에, 아론과 훌이 모세의 손을 하나씩 맡아서 팔이 내려오지 않게 하였다. 모세의 손을 붙든 아론과 훌의 손은 하나님의 사랑을 나타내는 것이다. 하나님을 사랑하고, 하나님의 백성을 사랑하기에 모세의 손을 붙들어 올렸다.

구입 ❷
하나님께서 받으실 만한 일

찬송_ 26, 494장 | 성경_ 디모데전서 2:1-4

1. 우리가 먼저 힘써야 할 기도

바울은 에베소 교회의 성도들이 기도하는 공동체가 되기를 권면하였다. 하나님께서 (성도)님께 이리도 좋은 새 집을 주신 이유를 찾아보자. 우리를 평안하게 하심은 천국 백성의 삶에 소망을 갖게 하심이다. 이제, 이 집을 성전으로 삼고, 제일 먼저 힘쓸 것은 기도이다.

2. 어떻게 기도할까?

"간구와 기도와 도고와 감사를 하되"라고 하였다. 여기에서 주목할 것은 이들 기도의 방법이 자신을 위한 간구가 아니라 모든 이들을 위하여 비는 것이라는 사실이다. 함께 성도가 된 지체들의 일정한 요구를 자신의 기도처럼 여기고 간청하라는 것이다. 간청의 은혜를 빌자.

3. 누구를 위한 간청인가?

임금들과 높은 사람들, 그리고 모든 사람을 위하라고 하였다. 주권은 하나님께로부터 오는 것인즉, 권세 있는 자들을 위하여 빌어야 한다. 또한 모든 사람들이 그들의 죄를 예수님의 피로 사함 받도록 중재하기를 쉬지 말아야 한다. 이 기도가 하나님께서 받으실 만한 일이다.

구입 ❸
하나님이 주신 마음

찬송_ 31, 491장 | 성경_ 디모데후서 1:7

1. 능력의 마음

능력의 마음은 성령님께서 주시는 견고한 정신을 말한다. 이 능력은 땅에 속해 있는 것이 아니라 하늘로부터 임하는 것이다. 자연적인 힘보다 하나님께로부터 오는 인격적인 힘을 가리킨다. 복음에 나타나는 능력은 인류의 구원을 위한 힘으로써 이 능력을 주셨음에 감사하자.

2. 사랑의 마음

하나님의 사랑은 사람의 사랑과 다르다. 이 사랑은 높은 가치에서 낮은 가치로 내려가는 무조건적인 사랑을 가리키는데 아가페라 한다. 이 사랑에는 하나님께서 우리를 지배하신다는 구속의 의미가 있다. 아가페 사랑으로 나를 구속하시는 하나님의 은혜에 감사하자.

3. 근신하는 마음

성경에서 "근신"이라는 낱말이 의미하는 뜻은 "도덕, 교훈, 좋은 판단, 절제, 자기 훈련, 자기 수양, 분별력"이라는 의미를 갖고 있다. 성령님께서는 우리들 각 사람의 심령에 자기를 자제할 수 있는 근신의 능력을 주신다. 하나님 앞에서 자기를 다스려 근신하기를 기도하자.

신축 ❶

드러나게 하시는 하나님

찬송_ 28, 302장 | 성경_ 디모데전서 5:24-25

1. **죄가 드러나 심판을 받음**

   우리는 하나님을 속이고 죄를 짓지만, 하나님께서는 사람에게 속지 않으신다. 피조물의 행위는 창조자 앞에서 다 노출되고 만다. 이에, 하나님께서는 죄를 드러내시고, 죄인에게는 심판하신다. 하나님의 은혜로 좋은 집에서 지내게 되었으니 더욱 죄에 민감해야 하겠다.

2. **앞으로 드러날 죄**

   "어떤 사람들의 죄는 그 뒤를 좇나니"라고 하였다. 어떤 사람들의 죄는 드러나지 않고 감추어져 있으나, 머지않아 명백히 드러날 것임을 의미한다. 성경에서 볼 수 있는 대로 아간, 게하시, 아나니아와 삽비라 부부의 죄가 드러났다. 죄를 지었을 때는 즉시 회개하도록 하자.

3. **우리의 선행도 드러남**

   "이와 같이 선행도 밝히 드러나고"라고 하였다. 우리가 선한 일을 하였을 때, 드러나지 않아 남들이 모를 때도 있다. 그렇지만 죄를 드러나게 하시는 하나님께서 선행도 드러나게 하신다. 우리의 선행도 조만간에 보상을 받게 될 것이다. 그러므로 더욱 선행에 힘쓰기를 빈다.

신축 ❷
후일에 유의하라

찬송_ 34, 301장 | 성경_ 디모데전서 4:1-2

1. 믿음에서 떠나지 않도록

바울은 주님께서 재림하시기 전의 시간에, 믿음에서 떠나지 않도록 하라고 당부하였다. 우리가 무엇이 이루어져 그것에 만족하는 순간에, 진리에 대적하는 자들이 일어나서 미혹한다. (성도)님께서 좋은 집을 신축하여 소원이 이루어졌다 할 때, 더욱 믿음을 붙잡으시기 바란다.

2. 미혹하는 영과 귀신의 가르침을 좇지 않도록

바울은 성도를 미혹하는 영과 귀신의 가르침을 좇지 않도록 하라고 당부하였다. 사탄의 속임과 유혹에 주목하도록 하고, 그것을 좋게 여기며 몰두하게 한다. 귀신의 가르침은 사탄이 거짓 선지자들을 세워 가르치도록 한다는 것이다. (성도)님께서 영을 분별하시기를 바란다.

3. 양심에 화인을 맞아 거짓말을 하지 않도록

양심은 사람의 도덕적인 의식을 가리키는데, 거짓의 영과 귀신에게 자신을 내어주어서는 안 된다는 것이다. 오늘, (성도)님께서는 자신의 양심을 사탄의 것으로 낙인이 찍히지 않도록 주의해야 한다. 우리는 자신의 도덕적인 의식이 하나님께만 속해 있도록 살펴야 한다.

신축 ❸

피하라, 쫓으라, 싸우라

찬송_ 16, 304장 | 성경_ 디모데전서 6:11-12

1. 이것들을 피하라

바울은 디모데에게 그가 교회를 섬기며 지내는 동안에 피해야 할 것에 대하여 언급하였다. 오늘날, 우리가 경건한 삶을 유지하기 위해서 멀리해야 할 것들을 지적하였다. 탐욕을 피하라, 청년의 정욕을 피하자, 변론을 피하라, 우상을 멀리하라, 이단자를 멀리하라는 것이었다.

2. 의인의 삶-쫓으라

피하는 것이 소극적이었다면 적극적으로는 쫓아야 하였다. "의와 경건과 믿음과 사랑과 인내와 온유를 쫓으며"라고 하였다. 바울은 디모데가 복음으로 말미암은 의에 충만하기를 빌었다. 의는 예수님을 통하여 모든 믿는 자에게 미치는 구원의 의를 의미한다. 의를 쫓으라.

3. 선한 싸움-싸우라

디모데는 믿음의 선한 싸움을 싸울 것을 촉구받았다. 무엇이 선한 싸움인가? 믿음 때문에, 믿음을 통하여, 믿음을 위해서 사는 것을 의미한다. 믿음으로 말미암아 자기의 생애를 전적으로 보내는 것을 의미한다. (성도)님께서 선한 싸움을 싸우시겠다는 결단을 빈다.

중 · 개축 ❶

성도의 마땅한 자세

찬송_ 37, 308장 | 성경_ 디모데전서 2:1-10

1. 남자들이

남자들에게 당부하는 교훈은 분노와 다툼이 없이 거룩한 손을 들어 기도하라고 하였다. 분노는 감정의 통제가 깨어진 상태를 말한다. 자기 자신과의 관계나 다른 사람과의 관계가 깨어졌을 때, 분노가 폭발하고, 다툼으로 연결된다. 그리고 이런 상태는 기도에 방해가 된다.

2. 여자들도

여자들에게 당부하는 교훈은 아담한 옷을 입으며 염치와 정절로 자기를 단장하라고 하였다. 한 마디로, 외적인 것보다 내적인 단장에 주목하라는 가르침이다. 성도로서 규모 있는 행동을 하며, 겸손하고도 고상함을 유지하는 중에, 절제의 은혜를 보이라는 것이다.

3. 오직 선행으로

낡고, 불편해진 집을 고치게 하신 하나님을 찬양하면서, 우리 자신에게도 신앙의 집을 고치는 은혜를 사모하자. 우리가 하나님을 공경하는 성도라면 오직 선행으로 하기를 원하라고 하였다. 이제까지 지내오면서 부족했던 착한 행실에 헌신하여 열매를 맺어드리자.

중·개축 ❷

생각해야 될 것 세 가지

찬송_ 10, 303장 | 성경_ 디모데후서 1:8-10

1. 주의 증거를 부끄러워 말라

성경은 우리가 세상에 대하여 '주의 증거'라고 하였다. 십자가의 구속의 은총에 대하여 증인이 되어야 한다는 말씀이다. 바울은 자신이 그리스도를 위해서 감옥에 갇히는 죄수가 된 것을 자랑스럽게 여겼다. 그러므로 복음과 함께 고난을 받기를 기도해야 한다.

2. 하나님의 부르심을 감사하라

우리는 하나님을 위해, 하나님께 구별되고 바쳐졌다. 우리는 주님의 십자가에서 단번에 영원한 부르심으로 선택되었다. 이 부르심은 우리의 행위에서 난 것이 아니다. 만일, 행위로 구원을 받는다면, 인류 중에 한 사람도 구원받을 수 없다. 나를 불러주셨음에 감사하자.

3. 그리스도의 나타나심을 감사하라

예수님께서 이 세상에 오셔서 십자가에 달려 죽으시고 부활하심으로써 사망을 폐하셨다. 그리고 우리에게 복음으로써 생명과 썩지 아니할 영원한 생명을 주셨다. 십자가에서 나타난 구속의 은총을 통하여, 영원한 생명을 얻게 하신 것이다. 예수님께서 오셨음을 감사하자.

중 · 개축 ❸

그리스도 예수의 선한 일꾼

찬송_ 25, 313장 | 성경_ 디모데전서 4:7-10

1. 망령되고 허탄한 신화를 버려야

디모데는 교회에서 생명의 진리를 전하는 통로였기에, "망령되고 허탄한 신화를 버려야만" 하였다. 망령되다는 것은 무가치한 것이라는 의미로, 이것을 피하는 것이 최선이다. 하나님께서 주신 집에서 기거하는 동안에, (성도)님께서는 망령되고 허탄한 신화를 버려야 한다.

2. 오직 경건에 이르기를 연습해야

디모데는 그가 먼저 경건해야 하였다. 경건이란 하나님을 기쁘시게 하는 신앙을 뜻한다. 그는 경건을 통하여 하나님의 약속을 받아 신령한 복과 세속적인 복을 받아 누려야 한다. 그때, 비로소 성도들이 그를 닮기를 소망하게 된다. 경건의 은혜가 (성도)님께 있기를 빈다.

3. 수고하고 진력해야

디모데는 에베소 교회에서 자신에게 맡겨진 사명을 감당함에, 수고하고 진력해야 했다. 경건한 삶을 살고자 노력하는 까닭에 몸이 피곤하도록 수고하게 된다. 아울러 그의 영향으로 모든 사람들이 깊은 경건 속에 들어가게 된다. (성도)님께서도 수고하고 진력하시기 바란다.

경제적인 어려움 ❶

하나님이 가라사대

찬송_ 36, 378장 | 성경_ 시편 91:14-16

1. 우리를 건져주시는 하나님

"내가 저를 건지리라." 하나님을 사랑하는 자들에게 주신 약속의 말씀이다. 수렁에 빠진 것처럼 헤어 나오지 못하는 인생들을 건져주시는 하나님이시다. 그러므로 하나님을 사랑하자. 그것이 우리의 보장이다. 곤경에 빠진 우리들이 해야 할 것은 하나님을 사랑하는 것이다.

2. 우리를 높여주시는 하나님

"내가 저를 높이리라." 하나님의 이름을 아는 자들에게 주신 약속의 말씀이다. 세상에서 짓밟힌 인생들이 해야 할 것은 하나님을 아는 것이다. 우리는 하나님을 믿고 있지만 하나님에 대하여 얼마나 알고 있는지 돌아보자. 하나님의 이름을 안다는 것은 행복의 보장이 된다.

3. 응답해주시는 하나님

"내가 응답하리라." 하나님을 믿고 기도하는 자들에게 주신 약속의 말씀이다. 성경은 여러 곳에서 구하고, 찾고, 부르짖으면 응답을 받으리라고 약속하고 있다. 우리에게 소망이 되는 말씀이다. 이제, 우리들이 할 일은 간구하는 것이다. 하나님께서 아낌없이 응답해 주신다.

11. 재정

경제적인 어려움 ❷

평안히 살게 하신 때

찬송_ 13, 555장 | 성경_ 사무엘하 7:1-3

1. 고난 중에 받게 되는 하나님의 연단

다윗의 삶을 보면, 고난이 그에게 연단이 되었음을 깨닫게 된다. 그의 아름다운 시들은 대부분 고난 중에 기록되었다. 그리고 그는 하나님의 연단의 기간이 끝난 후에 평안을 누리게 되었다. 하나님께서는 우리의 삶을 강하게 하시려고 고난을 통하여 연단을 받게 하신다.

2. 평안할 때 하나님을 묵상하라

다윗은 평안하게 되자, 그 평안을 즐기기보다는 고난 중에 하지 못한 하나님의 일을 생각하였다. 자신은 백향목 궁에 거하는데 하나님의 궤가 아직도 휘장에 있는 것에 대하여 상심해 하였다. 고난 이후에 찾아드는 평안은 자신에게 은혜를 베푸시는 하나님을 묵상하게 한다.

3. 하나님의 약속

하나님께서 다윗에게 더욱 큰 복을 약속하셨다.

-네 이름을 위대하게 만들어 주며, 모든 원수에게서 벗어나게 하리라.
-너를 위해 네 집을 세우고 네 나라를 견고하게 하리라.
-네 후손이 전을 건축할 것이요 그는 내 아들이 되리라.

경제적인 어려움 ❸

성도를 지키시는 하나님의 손

찬송_ 68, 375장 | 성경_ 시편 91:11-16

1. 우리를 위한 창조의 손

하나님께서는 창조하심을 통해서 사람을 만드시고, 생육하고 번성하라는 복을 주셨다. 우리에게 향하시는 하나님의 손은 우리의 인생에 창조의 역사를 나타내신다. 비록 우리에게는 가진 것이 없으나 하나님께서 창조해 주시니 그 창조로 말미암아 복되고 기쁘게 살아간다.

2. 우리를 위한 섭리의 손

하나님께서는 우리의 인생을 방관하지 않으시고, 돌보아 주신다. 하나님의 보호하심은 우리에 대한 하나님의 뜻에 따라 나타내신다. 인애하신 아버지의 사랑으로 우리를 지켜 주시고, 인자하신 자비하심으로 인도해 주신다. 오늘의 삶도 하나님의 섭리 안에 있다.

3. 우리를 위한 회복의 손

하나님은 사람과 자연을 사랑하셔서 끊임없이 가꾸시며 생명으로 이끄신다. 우리가 하나님의 섭리에 순종하여 당하는 고난과 아픔을 변하여 기쁨의 열매로 만들어 주신다. 지금은 힘들지라도 먼 훗날 되돌아보면, 그 고통이 모두 오늘의 열매를 위해 필요했음을 깨닫는다.

수입의 감소 ❶

뭇별을 셀 수 있나 보라

찬송_ 18, 384장 | 성경_ 창세기 15:4-6

1. 밖으로 불러내시는 하나님

우리는 나의 방패시며, 지극히 큰 상급이신 하나님 아버지를 바라보아야 한다. 하나님께서 아브라함에게 오셔서, 장막 안에서 염려하지 말고 밖으로 나와서 하늘을 바라보라고 하셨다. 전능하신 하나님께서 적들을 다 막아주시고, 이기게 하시며, 상급을 주심을 믿어야 한다.

2. 후손을 약속해 주신 하나님

하나님께서 아브라함에게 뭇별을 셀 수 없음과 같이 자손이 있게 하시겠다고 약속하셨다. 그의 나이 백세가 다 되어가고, 자기 아내 사래는 태가 말랐으나 하나님의 약속을 믿었다. 우리도 내 자손이 하늘의 별처럼 잘 될 것을 바라보아야 한다. 하늘의 별은 최고의 영광이다.

3. 약속으로 소망을 주시는 하나님

하나님께서 아브라함과 맺은 언약은 영원히 변개치 못할 언약이었다. 하나님께서는 그에게 주시겠다고 약속하신 땅을 다 주셨다. 하나님의 자녀는 세상의 것으로 살아가지 않는다. 아버지가 되셔서, 나에게 약속해주신 것을 소망으로 붙잡고 살아간다. 그 소망이 나의 힘이다.

수입의 감소 ❷
하나님께 가까이 함이

찬송_ 15, 419장 | 성경_ 시편 73:27-28

1. 하나님께로 나아가자

    에덴동산의 모습은 하나님이 보시기에 좋았다고 하였다. 그러나 오늘의 우리는 우리가 세상에서 살면서 가난, 질병, 죄, 저주, 슬픔, 죽음 등을 당하고 있다. 이것은 아담과 하와의 죄에 대한 하나님의 형벌이다. 이제, 이 형벌의 굴레를 벗어나려면 하나님께로 나아가야 한다.

2. 선택받은 자녀들

    죄인이며 버림받은 자, 눈이 어두워 진리를 보지 못하고, 영혼에 병든 자가 어떻게 감히 하나님께 나아갈 수가 있겠는가? 하나님께서 우리를 자녀로 삼아 길을 열어 주셨기에 나아갈 수 있다. 예수님께서 십자가에서 제물이 되심으로써 하나님께로 이르는 길이 되어 주셨다.

3. 내게 복이라

    "하나님을 가까이 함이 내게 복이라" 하였다. 그것은 하나님께 인생의 해답이 있기 때문이다. 우리의 모든 문제의 해결도, 우리가 희망하는 부요함도 하나님께만 있다. 하나님을 아버지로 부르고, 그의 품에 안기면 은혜를 받게 된다. 하나님은 우리를 도우시는 아버지이시다.

수입의 감소 ❸

두려워하지 말고 가만히 서서

찬송_ 26, 382장 | 성경_ 출애굽기 14:13

1. 하나님의 구원을 믿어라

애굽의 군대가 바로 왕과 함께 가까이 온 것은 육신적인 눈으로 보면 두렵다. 우리는 큰 어려움을 만나게 되면, 두려워하지 말고 담대해야 한다. 도우시는 하나님을 바라보아야 한다. 입으로 두렵다고 하지 말고 가만히 서있으라고 하셨다. 구원의 하나님을 바라보아야 한다.

2. 엎드려 기도하라

하나님은 부르짖을 때 응답하시고, 하나님의 크고 비밀한 것을 보여 주신다. 부르짖은 다음에는 성령님께서 감동해 주시는 말씀으로 나아가야 한다. 나의 기도에 하나님께서 응답해주심을 믿고, 이제는 말씀에 순종해서 앞으로 나가야 한다. 말씀을 묵상하면서 나가야 한다.

3. 하나님의 말씀대로 행하라

하나님께서 이스라엘 백성들을 젖과 꿀이 흐르는 땅으로 인도하여 들이신다고 하셨다. 하나님의 말씀은 창조능력이므로 그 말씀에 믿음으로 순종해야 한다. 기적은 믿음으로 행할 때, 나타난다. 하나님의 말씀대로 하면 그 말씀에 창조의 능력이 있어서 기적이 나타난다.

지출할 부분이 늘어남 ❶

요단에 들어서라

찬송_ 9, 379장 | 성경_ 여호수아 3:4-6

1. 구원의 하나님을 바라보라

하나님께서 여호수아에게 말씀하시기를, 언약궤 위에 계신 하나님을 바라보고 따라가라고 하셨다. 언약궤는 상징적으로 하나님의 임재를 의미하였다. 그러므로 하나님께서 어떻게 하시는가를 믿음으로 바라보고 요단을 건너라는 것이다. 하나님의 말씀을 따르면 소망이 있다.

2. 스스로 성결케 하라

요단을 건너는 큰 사역 앞에서 이스라엘 백성의 마음가짐이 분명하고, 스스로 성결케 해야 하였다. 하나님은 거룩하시기 때문에 깨끗한 심령에 역사하신다. 우리의 심령이 깨끗해야 하나님의 영광을 위해서 쓰임을 받게 된다. 죄에서 사함 받고 깨끗할 때, 귀하게 쓰신다.

3. 요단을 건너라

하나님은 여호수아에게 이스라엘 백성이 요단을 건너도록 명령하셨다. "애굽에 있는 내 백성의 우고를 듣고 보셨으며 내가 가서 이끌어 나오겠다"라고 하신 하나님이시다. 이스라엘의 하나님이 나의 하나님이시다. 우리를 내버려 두지 않으신다. 우리를 이 곤란에서 구하신다.

지출할 부분이 늘어남 ❷
모든 것이 합력하여

찬송_ 37, 383장 | 성경_ 로마서 8:28

1. 알게 하시는 하나님

하나님께서는 우리에게 베푸신 모든 은혜를 알게 하셨다. 우리가 안다는 말은 성령님께서 알게 하시는 은혜이다. 우리에게 보혈의 은혜와 성령 충만을 부어주셨다. 이로써 진리를 알게 한다. 고난을 당할 때는 아무도 모르는데, 지나고 보니까 알게 되는 것이다.

2. 고난의 시간

하나님은 우리를 귀하게 쓰시기 위해서 죽는 것 같은 고난을 겪게도 하신다. 우리의 입장에서 보면 길이 없다. 너무 무거우며, 일어날 방법이 없다. 그러나 하나님께서는 우리를 연단하시므로 천국의 소망이 있게 하신다. 금보다 더 존귀하게 하시기 위함에서다.

3. 하나님을 사랑하는 자

하나님을 사랑하는 자는 예수님의 보혈의 은혜를 입은 사람이다. 죄의 사함을 받고 새로운 사람이 된 것을 감사하는 사람이다. 하나님께서는 자기를 사랑하는 자에게 더 좋은 것을 주시려고, 어려움을 주신다. 그리하여 우리의 삶 전체가 주님의 뜻 안에서 선이 되게 하신다.

지출할 부분이 늘어남 ❸

넉넉히 이기느니라

찬송_ 11, 390장 | 성경_ 로마서 8:37-39

1. 하나님의 사랑

   우리는 하나님께서 사랑하시는 대상이다. 그 사랑은 하나님께서 자기의 아들을 아끼지 아니하시고 내어주신 사랑이다. 하나님께서는 우리를 위하여 독생자를 주실 만큼 사랑하셨다. 그리고 모든 것을 은사로 주셨는데, 은사는 어떤 어려움이 와도 넉넉히 이길 수 있는 능력이다.

2. 이기게 하시는 하나님

   하나님의 사랑이 어떤 사랑이기에 넉넉히 이길 수 있는가? 그 사랑은 우리를 위하시는 것이므로 세상을 이기게 하신다. 그 사랑은 우리를 보호하시는 것이므로 마귀와 사탄을 대적하여 이기게 하신다. 그 사랑은 우리로 온전하게 하시는 것이므로 자신을 이기게 하신다.

3. 중보하시는 예수님

   예수님께서는 지금 우리를 위하여 중보하신다. 우리가 시험에 들지 않도록 위하여 기도해 주심으로써 이기게 하신다. 예수님은 하나님과 우리 사이의 중보의 언약의 피를 뿌리셨으니 그 피의 은혜를 기억하자. 지금, 나의 어려움을 예수님께서 친히 중보해 주심을 기억하자.

예기치 못하는 재난 ❶

우리를 위한 여호와의 긍휼

찬송_ 20, 370장 | 성경_ 시편 103:8-13

1. 그 죄를 덮어주심

하나님은 자기를 경외하는 자들에게 하늘과 같이 크신 자비로 덮어주시는 분이심을 깨닫게 한다. 하나님은 자기를 거역하는 백성들을 항상 용서하고 그 죄를 덮어주신다. 하나님께서 죄를 책망하셨으나 그 후에는 죄를 용서하여 죄가 없었던 것처럼 멀리 치워버리셨다.

2. 무조건적으로 사랑해주심

우리 모두 죄 용서의 은혜를 받았다. 하나님은 우리의 죄를 가장 먼 곳, 즉 동쪽 끝에서 서쪽 끝으로 치우셨다. 이제, 우리는 하나님의 사랑은 아버지가 자녀를 사랑함처럼 크고 위대하심을 고백해야 할 것이다. 하나님의 이 사랑은 무조건적으로 주어지는 사랑이다.

3. 긍휼을 베풀어주심

왜 하나님은 우리에게 끝없이 자비로 대해 주시는가? 그것은 바로 하나님께서 우리의 연약함을 잘 알고 계시기 때문이다. 하나님은 우리가 티끌로 된 연약한 존재임을 잘 아신다. 우리를 위한 여호와의 긍휼에 감격하고, 감사하는 성도가 되시기를 소망한다.

예기치 못하는 재난 ❷
빌라델비아 교회-적은 능력으로

찬송_ 35, 365장 | 성경_ 요한계시록 3:7-13

1. 문이 열리는 복을 받다

빌라델비아 교회는 적은 능력을 가지고 주님의 말씀을 지켰으며, 주님의 이름을 배반하지 않았다. 이에, 빌라델비아 교회는 천국의 문이 열려 있는 복을 받았다. 이 문이 열리면 누구도, 문을 닫을 수 없다. 하늘의 복의 문이 열려 있게 된 것이다. 열린 문의 교회가 되었다.

2. 원수의 목전에서 상을 베푸시는 복을 받다

당시에, 소아시아에 흩어져 있던 이단의 세력은 빌라델비아 교회를 많이 괴롭혔다. 그런데 예수님께서 말씀하시기를, 이단의 세력들이 돌아와 절을 하며 굴복하리라고 하셨다. 적은 능력으로 인내하며 승리하면 괴롭히던 이들이 굴복하고, 무릎을 꿇게 된다.

3. 시험의 때를 면하는 복을 받다

빌라델비아 교회는 시험과, 환난과, 심판을 피하는 엄청난 복을 받았다. 우리가 세상에서 잘 되는 것도 복이지만, 시험의 때를 피하는 것은 더 큰 복이다. 적은 능력으로 하나님의 말씀을 지키고, 인내하며, 신앙을 지킬 때, 시험의 때를 피하는 복을 받는다.

예기치 못하는 재난 ❸
선택받은 자의 하나님

찬송_ 76, 385장 | 성경_ 창세기 20:3-8

1. 그랄 땅으로 간 아브라함

아브라함은 그랄 땅으로 들어가 그곳에서 장막을 치고 머무르게 되었다. 그런데 이곳에는 왕이 있고, 아브라함은 자신이 어떤 위험에 처할지도 몰라 두려워하였다. 그래서 그는 그랄 사람들에게 사라를 자기의 누이라고 소개하였다. 자기의 아내를 누이라 한 것은 실수였다.

2. 그랄 왕을 막으신 하나님

그랄의 왕 아비멜렉은 사라를 첩으로 삼기 위하여 자기의 궁으로 불러들여 잠자리를 같이 하려 하였다. 그 밤에, 하나님께서 아비멜렉의 꿈에 나타나셔서 사라에게 손을 대지 못하게 하셨다. 사라와 아브라함의 관계가 부부라는 것을 알려 주시면서 죄를 짓지 못하게 하셨다.

3. 삶의 터전을 제공받은 아브라함

날이 밝자 아비멜렉은 사라를 아브라함에게로 돌려보냈다. 그는 아브라함에게 죄를 지을 번하였음에 대하여 말하고는 가축들을 내어주면서 그랄에서 지내게 하였다. 사라에게는 예물을 줌으로써 그녀의 수치를 가려 주었다. 아브라함을 위기에서 지키신 하나님의 은혜였다.

염려에 처한 사람 ❶

예수께서 가까이 이르러

찬송_ 11, 370장 | 성경_ 누가복음 24:17-27

1. 찾아오시는 예수님

예수님을 따르던 엠마오 출신의 두 사람은 자기들에게 희망이 되셨던 주님의 죽으심으로 슬픔이 가득하였다. 그들에게 부활하신 주님께서 찾아오셔서 슬픔의 길을 함께 해 주셨다. 예수님은 살아가다가 희망을 잃고, 슬퍼하며 낙심한 자에게 찾아오셔서 동행하신다.

2. 낙심하게 된 이유

두 사람은 예수님을 잘못 이해하고 따랐다. 주님께서 로마로부터 이스라엘을 구속하실 것이라 믿고 따랐다. 그들의 낙심은 자신들의 주님에 대한 오해에서 비롯되었다. 주님께서는 자신이 이스라엘을 정치적으로 구원하지 않으시며, 세상의 구주이시라는 것을 일러 주셨다.

3. 믿어지지 않을 때

예수님께서는 두 사람을 안타까워하면서 "마음에 더디 믿는 사람들아"라고 나무라셨다. 그러면서 자신의 고난과 영광에 대하여 말씀하셨고, 두 사람은 예수님에 대하여 바로 깨닫게 되었다. 주님께서는 우리와도 함께 하신다. 자비의 걸음으로 오셔서 보혜사가 되어 주신다.

12. 격려와 상담

염려에 처한 사람 ❷
그리스도의 평강을

찬송_ 39, 366장 | 성경_ 골로새서 3:12-17

1. 평강을 잃는 우리

"하나님의 평강이 너희 마음을 주장하게 하라"고 하셨다. 주님께서 주신 평강을 자주 잃어버리기 때문이다. 눈에 보이는 것들에 마음을 빼앗겨서 평강을 잃고 두려워한다. 얼마나 염려하고 근심하며 불안해하고 심지어 낙심하는가. 이것은 성도의 올바른 삶이 아니다.

2. 성령님의 충만하심을

하나님의 자녀들은 말씀의 약속을 통해서 마음에 평강을 지녀야 한다. 오직 성령님의 은혜 안에서 평강을 빼앗기지 말고 살아가야 한다. 이에, 성령님의 충만하심을 사모하자. 성령님의 은혜로 말미암아 하나님을 향해 그리고 서로를 향해 감사하는 자들이 되기를 축원한다.

3. 평강과 감사

그리스도 안에서 평강과 감사는 다 연결되어 있다. 우리가 그리스도의 평강으로 살면 늘 감사의 말을 할 수 있다. 평강을 누리는 가정에는 불평과 원망 대신에 감사하는 지체들이 있다. 이로써 우리의 마음은 평안하고 또한 서로간의 화평을 도모하며 지내야 한다.

염려에 처한 사람 ❸

마음판에 새기라

찬송_ 33, 369장 | 성경_ 잠언 3:1-4

1. 하나님께서 주시는 복

본문에서는 인간의 복에 대하여 명료하게 말씀해 주고 있다. 첫째는 장수의 복, 둘째로 명예의 복, 셋째는 하나님의 인도하심을 받을 수 있는 복, 넷째는 건강의 복이다. 마지막으로 재물의 복이다. 이 복을 누리기 위해서는 하나님의 말씀을 잊지 말고, 그 말씀을 따르면 된다.

2. 하나님의 말씀을 배워야

하나님의 말씀을 잊지 않으려면 하나님의 말씀을 배워야 한다. 이 땅에서 지내실 때, 하나님의 말씀을 배우는 일에 열심을 내어야 한다. 그리고 늘 마음으로 하나님을 사모해야 한다. 그렇게 되면, 우리들로 장수케 하며, 많은 해를 누리게 하며, 평강을 더하게 된다.

3. 진리의 말씀을 몸에서 떠나지 않도록

하나님의 사랑을 몸에 지니고 진리의 말씀이 몸에서 떠나지 않게 하자. 그 말씀으로 살아가며, 이것이 자기 생명인줄 알고 목에 매자. 영원한 보화처럼 마음에 새기면 하나님께 은총을 받게 하신다. 이 땅에서 살아가는 동안, 가장 좋은 것으로 누리는 복을 받는다.

환란을 당한 사람 ❶
영화롭게 해 주시는 하나님

찬송_ 17, 372장 | 성경_ 잠언 4:5-9

1. 지혜의 말씀

사람이 복된 인생을 살도록 좌우하는 것이 있는데, 바로 지혜의 말씀이다. 지혜의 말씀은 바로 하나님의 입에서 나오는 것으로, 이 말씀을 믿고 따르면 말씀대로 성취된다. 사람이 지혜의 말씀에 순종해서 생활하면 지혜는 그 사람을 끝까지 보호하는 책임을 져 준다.

2. 존귀하게 해 주는 지혜

지혜는 우리를 존귀하게 해 주고, 우리로 세상에서 머리가 될지언정 꼬리가 되지 않게 하신다. 지혜는 하나님의 말씀이므로, 그 말씀대로 이룰 수 있는 능력을 스스로 가지고 있다. 그러므로 우리가 지혜를 품으면 영화롭게 해주신다.

3. 걸음이 곤란하지 아니하도록

지혜는 아름다운 관을 머리에 두겠고 영화로운 면류관을 주신다. 지혜가 우리를 인도할 때, 정직한 첩경으로 인도한다. 다닐 때 우리의 걸음이 곤란하지 아니하도록 안전하게 해주고, 달려 갈 때에도 실족함이 없도록 보살펴 준다. 따라서 지혜의 말씀으로 살기를 축원한다.

환란을 당한 사람 ❷

종의 집에 복을 주시는

찬송_ 21, 375장 | 성경_ 사무엘하 7:25-29

1. 자기의 종에게 복을 주시는 하나님

본문에서 만나는 하나님은 자기의 종에게 복을 주시는 하나님이시다. 자기의 백성을 위하여 넘치도록 복을 주시는 여호와이시다. 복을 주시는 하나님 앞에서 우리는 어떤 자세를 가져야 할까? 이미 자기 백성에게 복을 약속해 주셨으므로 달라고 요청해야 한다.

2. 약속하신 복을 염원하라

본문에는 하나님께서 약속하신 복이 다 이루어지기를 염원하는 다윗의 간절한 마음이 나타나 있다. 자신의 집안을 세워주시겠다는 하나님의 말씀에 힘을 얻은 다윗은 더 간절히 기도할 마음이 생겼다. 여호와께서 약속하신 내용들이 그대로 이루어지게 해달라고 간구한다.

3. 복을 달라고 간구하라

하나님께서는 우리에게도 감히 바라지도 못할 복을 약속의 말씀으로 주셨다. 하나님의 약속이 꼭 이루어질 것임을 확신하여 간구했던 다윗의 모습을 본받아서 복을 구하는 가족들이 되기 바란다. 그리고 믿음으로 간구했던 복이 이루어짐을 소망하자.

환란을 당한 사람 ❸
형통한 자가 되어

찬송_ 25, 368장 | 성경_ 창세기 39:1-5

1. 여호와를 인정해야

요셉이 애굽에서 가졌던 신분은 노예였다. 그럼에도 그가 형통할 수 있었던 비결은 여호와께서 그와 함께 하셨기 때문이었다. 요셉을 찾아오셔서 함께 해주신 하나님은 지금 (성도)님과 함께 하신다. 그러므로 인간적인 배경을 의지하지 말고, 범사에 여호와를 인정해야 한다.

2. 여호와의 도우심을 의뢰해야

홀로 이방 땅에 버려진 요셉은 하나님의 도우심 밖에는 의지할 것이 없었다. 하나님은 자기의 사랑하는 자들을 도우시는 분이시다. 따라서 환란의 경우에 부딪쳤다 해서 낙심하거나 무기력해지지 말고, 여호와의 도우심을 의뢰해야 한다. 하나님은 언제나 나의 소망이시다!

3. 자신의 위치에서 성실해야

요셉은 하나님 앞에서 성실하였다. 일을 맡긴 사람들이 맡은 자들에게 요구하는 것은 충성이다. 그러므로 (성도)님께서는 어디에 있든지 자기 자리를 잘 지키도록 힘써야 한다. 우리가 행하는 모든 일들이 주님에 의해 감찰되고 있음을 기억하여 성실하시기를 축복한다.

사고를 당한 사람(병원 입원) ❶
다비다야 일어나라

찬송_ 29, 371장 | 성경_ 사도행전 9:36-42

1. 다비다의 죽음

   선행과 구제하는 일에 열심을 내던 다비다가 죽었다. 병이 들어서 죽게 된 것이다. 제자들이 두 사람을 보내어 욥바로 와 달라고 간청하였다. 그들은 다비다의 죽음에 대하여 베드로가 무엇이든지 해 줄 것을 기대하였다. 오늘, 하나님께서 손을 대어주실 것을 기대하자.

2. 과부들의 울음소리

   베드로가 다비다의 시체가 놓여 있는 다락에 이르자, 그녀의 죽음을 슬퍼하는 과부들의 울음소리를 듣게 되었다. 그녀들의 울음은 다비다를 살려달라고 애원하는 기도로 베드로에게 들려왔다. 하나님께서 우리의 울음소리를 들으시고자 위급한 순간을 만나게 하셨을 것이다.

3. 다비다를 살리다

   베드로는 기도를 마친 후에, 다비다의 시체를 바라보면서 외쳤다. '다비다야 일어나라!' 그러자 시체가 사람의 말을 듣는 것처럼 눈을 떠서 베드로를 쳐다보더니 일어나 앉았다. 그녀의 죽음과 다시 살아남의 기적은 온 욥바의 사람들이 예수님께로 돌아오는 영광이 되었다.

사고를 당한 사람 ❷
내게 능력 주시는 자 안에서

찬송_ 39, 393장 | 성경_ 빌립보서 4:13

1. 비전을 주시는 하나님

하나님은 일을 행하시고, 그 일을 지어 성취하신다. 하나님은 나로 하여금 이 일에 쓰임 받게 하기 위해서 고난의 쓴 잔을 마시게도 하신다. 육신의 생각으로 가득 차 있는 나에게 이 사명을 주시기 위해서 부르짖게 만드신다. 부르짖어서 사명을 깨닫게 하신다.

2. 생각을 갖게 하시는 성령님

하나님께서 주시는 생각을 가져야 한다. 하나님의 생각과 나의 생각이 다르면 안 된다. 나의 생각을 버리고, 하나님이 주시는 생각을 가져야 한다. 하나님의 생각은 부요해지는 생각, 생육하고 번성하여 땅에 충만하라는 것이다. 복을 받고, 잘 되는 생각으로 가득해야 한다.

3. 간구하도록 하는 믿음

하나님의 사람은 믿음으로 간구해야 한다. 믿음 없는 것을 도와달라고 간구하라. 우리는 문제 앞에서 먼저 엎드려 간구해야 한다. 이때, 믿음의 기도를 드리고 의심하지 말아야 한다. 전심으로 기도할 때, 하나님의 음성을 들려주신다. 그리고 믿음으로 나아가도록 이끄신다.

사고를 당한 사람 ❸

티끌과 재 가운데에서

찬송_ 64, 380장 | 성경_ 욥기 42:10-15

1. 기도하게 하시는 하나님

까닭 없이 고난을 당하면서 말할 수 없는 고난을 겪은 욥에게 하나님의 은혜는 기도로 나타났다. 그가 고난을 겪고 있을 때, 친구들은 위로하기보다는 그를 나무라고, 괴롭혔다. 그러나 회개 이후에 임한 하나님의 은혜는 욥에게 친구들을 위해서 무릎을 꿇게 하셨다.

2. 곤경을 돌이키시는 하나님

친구들을 위해서 기도한 욥에게 하나님의 응답이 나타났다. 그의 기도를 들으신 여호와께서 어떻게 응답하셨는가? 욥에게 이전의 모든 소유보다 갑절이나 주셨다고 하였다. 사람이 기도하는 시간에 하나님은 응답하신다. 기도는 곤경을 하나님께서 돌이키시는 열쇠가 된다.

3. 더 복을 주시는 하나님

고난을 겪으면서 흠이 없는 하나님의 사람으로 다듬어진 욥이 받은 복은 처음의 복과 비교될 수 없었다. 욥의 이러한 경험은 오늘날 나의 것이 될 수 있다. 욥의 하나님이 나의 하나님이시므로 내게도 슬픔이 변하여 기쁨이 되게 하신다. 탄식의 눈물을 웃음으로 바꾸어 주신다.

재판 및 수감의 경우에 ❶

소원대로 되리라

찬송_ 41, 395장 | 성경_ 마태복음 15:26-28

1. 예수님께 소리치다

한 가나안 여인이 예수님께 찾아와 부르짖었다. 그녀는 자신의 딸이 흉악하게 귀신이 들렸으니 자기를 불쌍히 여겨달라고 소리 질렀다. 예수님께 나온 것이, 예수님을 향해서 부르짖음이 그녀에게 문제를 해결하는 시작이 되었다. 예수님을 찾음은 구원을 받는 시작이다.

2. 부스러기도 사모하다

예수님께서는 이방인, 가나안 여인의 부르짖음에 대꾸를 하지 않으셨다. 주님께서는 자녀의 떡을 개들에게 던지지 않으신다고 하셨다. 이에, 그녀는 개들도 주인의 상에서 떨어지는 부스러기를 먹는다고 하였다. 그녀는 주님의 은혜를 사모함을 떡의 부스러기에 비유하였다.

3. 큰 믿음을 보이다

예수님은 그녀의 고백에 감동을 받으셨다. 그래서 그녀의 믿음이 크다고 인정하시면서 소원대로 될 것을 선포하셨다. 그녀의 물러서지 않는 사모함이 예수님의 마음을 움직였다. 이방인임에도 불구하고, 은혜를 사모하는 여인에게 주님께서 구원을 약속하신 것이다.

재판 및 수감의 경우에 ❷

도움이 어디서 올까

찬송_ 36, 405장 | 성경_ 시편 121:1-4

1. 시온에 계신 하나님

인생을 살아가는 길에는 두 길이 있어 우리에게 선택하도록 한다. 그 길은 하나님을 바라보는 것과 세상을 바라보는 것이다. 세상을 바라보면 즐거움과 쾌락이 있지만 곤고하게 된다. 다윗도 자주 실수하여 세상을 바라보고 나간 적이 있었다. 그때, 그는 시온을 생각하였다.

2. 도움이 되시는 하나님

그는 나의 도움이 어디서 올까라고 스스로에게 물으면서 여호와라고 대답하였다. 하나님은 인생의 창조주이시므로 능히 우리를 도우실 수 있으시다. 누구든지 하나님께로 나아가면 도와주신다. 시온은 하나님께서 계시는 곳을 의미하였다. 시온으로 가면 환란은 끝이다.

3. 이스라엘을 지키시는 이

다윗은 하나님께로 돌아가면서 그의 영혼이 쉼을 누릴 수 있었다. 곤고하여 죽어가던 심령이 소생하는 즐거움을 보게 되었고, 자기를 지켜주시는 은혜를 누리게 되었다. 하나님은 자기 백성을 지켜주신다. 모든 환란을 면하게 하시고, 졸지에 만난 위기에서 건져 주신다.

재판 및 수감의 경우에 ❸

지혜가 제일이니 지혜를 얻으라

찬송_ 135, 414장 | 성경_ 잠언 4:5-7

1. 지혜를 얻으라

애들이 똑같은 시간에, 똑같은 교실에서 공부를 하더라도 지혜로운 아이는 그것을 자기의 것으로 삼으나 미련한 아이는 제 것으로 삼지 못한다. 슬기로운 인생이 되려면 지혜를 얻고, 명철해야 한다. 지혜와 명철은 하나님께로부터 임한다.

2. 오직 여호와를 경외하라

사람은 여호와께로부터 지음을 받은 피조물이기 때문에 지혜도 하나님께서 주셔야 한다. 그러므로 지혜에 부요하기 위해서 여호와를 경외하라고 하였다. 여호와를 섬길 때, 하나님께로부터 지혜가 임해서 세상이 감당하지 못하도록 우리를 슬기롭게 하신다.

3. 여호와를 높여라

지혜가 제일이라는 사실을 아는 사람들은 이 지혜를 얻기 위해서 노력을 한다. 우리를 슬기롭게 하는 지혜는 하나님께로 말미암음으로 여호와를 높이라고 하였다. 그러면 하나님께서 우리를 높여 주신다고 하셨다. 하늘의 지혜를 갖고 있는 사람은 세상에서 높아진다.

두려움으로 불안할 때 ❶

은혜와 영화를 주시며

찬송_ 30, 406장 | 성경_ 시편 84:9-12

1. 여호와의 보호가 있어야

하나님께서는 자기의 자녀들을 보호하신다. 그러므로 우리는 살든지 죽든지 하나님의 함께 하심에 감사드리자. 자신의 생애에서 어떤 일들이 일어나든지 여호와의 보호하심을 명심하고, 모든 두려움을 극복하도록 한다. 하나님은 나를 원수들에게 빼앗기지 않으신다.

2. 세상과 구별된 삶을 살아야

성도는 이 세상에 속한 자가 아니라 주님께 속한 특별한 사람이다. 따라서 세상과 구별된 삶을 살도록 힘써야 한다. 세속을 좇아 행하거나 세상과 짝하게 되면, 스스로 하나님을 향해 등을 돌리는 것이다. 자신에게 부여된 특별한 복의 기회를 스스로 포기해 버리는 것이다.

3. 소망을 통해서 즐거워해야

바울은 감당하기 힘든 고난의 와중에서도 소망의 기쁨을 잃지 않았다. 성도의 삶 가운데서 특징적인 요소들 중의 하나는 소망을 인하여 즐거워함이다. 우리의 소망이 확실하고 견고하다면, 현실적인 곤란과 역경으로 인해 슬퍼한다든가 좌절하는 것이 온당치가 못하다.

두려움으로 불안할 때 ❷

저를 만족케 하며

찬송_ 13, 419장 | 성경_ 시편 91:14-16

1. 주를 사랑해야

우리가 받은 여러 계명들 가운데서 가장 큰 것은 주를 사랑하는 것이다. 그 사랑의 구체적인 표현은 주의 계명을 지키는 것이다. 만일, 그의 계명을 지키지 않으면 영광의 기업에 참예함이 불가능해진다. 마음과 뜻과 힘과 정성을 다하여 주를 사랑하도록 힘써야 하겠다.

2. 영적 지식을 가져야

하나님의 뜻대로 살기를 원하는 사람들에게 요구되는 것은 영혼의 지식이다. 학문이 많고 지혜가 많은 사람도 영혼의 지식이 없으면 실패하게 된다. 하나님의 지식은 신학자들의 저술 속에서 찾을 수 없다. 성경을 가까이 하고, 성령님의 도우심으로 하나님을 깊이 알게 된다.

3. 주님의 이름으로 빌어야

기도는 하나님과 우리 사이에 연결된 능력의 통로이다. 기도를 경시하거나 기도생활을 소홀히 하는 사람은 영적인 건강을 유지할 수 없다. 그리고 영광의 기업을 잇게 되지도 못한다. 그 나라가 가까울수록 우리에게 더욱 적실하게 요망되는 것은 경건한 기도생활이다.

두려움으로 불안할 때 ❸

평안을 누리게 하려

찬송_ 22, 415장 | 성경_ 요한복음 16:31-33

1. 담대하라

예수님께서는, "너희가 세상에서 환난을 당하나 담대하라 내가 세상을 이기었노라"라고 말씀하신다. 이 세상에는 예측 못할 환난들이 많이 있다. 생각지 못한 환난이 휘몰아칠 때, 우리는 정신을 차리지 못하고 그냥 주저앉고 만다. 이제, 주님의 도전대로 담대해야 한다.

2. 담대하게 하시는 예수님

어떤 가정에 예기치 못한 큰 환난이 휘몰아쳐 오면, 환난을 당한 장본인은 정신을 차리지 못한다. 당황해서 말도 제대로 하지도 못하고, 일도 제대로 처리하지 못한다. 사람으로서는 어찌할 수 없는 경우를 만나더라도 현실만을 보지 말고, 담대하라 하신 주님을 바라보자.

3. 고난을 이기신 예수님

성도가 환난을 당해도 낙심하지 말 것은, 예수님이 먼저 고난을 당하셨기 때문이다. 주님께서는 고난을 이기시고, 성도들에게 힘과 소망을 주신다. 이 세상의 어떤 환난풍파도 평안을 빼앗아갈 수 없다. 고난을 이기신 주님을 의지하여 두려워 말아야 한다.

무기력함에 빠져있을 때 ❶

달음질하라–상을 받기까지

찬송_ 32, 416장 | 성경_ 고린도전서 9:24-25

1. 썩지 않을 관을 바라보는 사람

우리는 썩지 않을 면류관을 기대하고 있다. 이에 바울은 우리의 삶을 달음질에 비유하여 상을 얻기까지 달음질하라고 권면한다. 경주에 임하는 사람들은 참가에 의미를 두는 것이 아니라 면류관을 얻고자 한다. 우리의 달음질도 상을 얻는 달음질이 되도록 힘써야 한다.

2. 목표를 향해서 달음질해야

달음질에 나선다고 다 상을 받지 못한다. 오직 이기기를 다툴 때, 상을 받는 달음질이 된다. 그러므로 자신의 목표를 분명히 하고, 달려 나가야 한다. 만일, 목적지를 잃어버리면 엉뚱한 곳으로 달려가 목적지로부터 멀어지고, 인생의 소중한 시간들만 허비하게 된다.

3. 규칙에 따라서 달음질해야

하나님의 삶에는 성경이라는 규칙이 있다. 운동장에서 달릴 때, 규정을 지켜야 하는 것처럼 성도는 성경의 말씀을 따라야 한다. 달음질을 잘 했어도, 반칙을 범한 사람은 실격이 되고 만다. 우리는 달음질을 하되 규칙을 범하는 일이 없도록 특별히 주의해야 한다.

13. 위로와 치유

무기력함에 빠져있을 때 ❷

두려워하지 말며 놀라지 말라

찬송_ 29, 549장 | 성경_ 여호수아 1:7-9

1. 하나님의 음성을 들어야

    하나님께서는 사람을 부르셔서 일을 맡기신다. 여호수아가 담대히 모세의 사역을 계승할 수 있었던 것은 하나님의 음성을 들었기 때문이다. 하나님의 음성은 우리에게 도전하도록 한다. 상황이 어떻게 전개된다 할지라도 하나님께서 말씀하시면 우리는 이겨낼 수 있다.

2. 하나님을 온전히 의뢰해야

    여호수아는 광야 40년 동안, 여호와께서 놀라운 방법으로 역사하심을 목도하였다. 그렇기 때문에 그분을 온전히 의뢰할 수 있었고, 이것이 그에게 유일한 큰 힘이 되었다. 하나님은 자기를 의뢰하는 자들에게 피난처가 되시고 그 능력이 되신다. 하나님이 나의 힘이다.

3. 하나님의 말씀에 순종해야

    하나님께서는 하나님을 사랑하는 자와 함께 하신다. 하나님의 말씀에 순종하는 자에게 창조의 능력을 보여주신다. 사실, 성패의 비결은 하나님의 말씀에 있다. 사방이 나를 에워싸도 그 말씀에 순종하면 하나님의 일하심을 본다. 상황을 보지 말고, 말씀에 순종하라.

무기력함에 빠져있을 때 ❸

부활의 힘

찬송_ 15, 542장 | 성경_ 사도행전 2:22-24

1. 죽음에서 생명으로 바꾸는 힘

예수님의 부활은 예수님 혼자만의 일로 끝나는 것이 아니시다. 그리스도를 믿는 자들은 예수님과 함께 부활하여 영생을 얻게 된다. 그러므로 예수님의 부활은 우리에게 죽음에서 생명으로 바꿔주시는 하나님의 능력이요 힘이다. 죽을 수밖에 없는 우리에게 생명을 준다.

2. 절망에서 희망으로 바꾸는 힘

제자들은 예수님의 죽음으로 절망 가운데 처하였다. 그러나 예수님의 부활로 인하여 그들은 희망으로 변화되었다. 예수님의 부활로 거짓이 망하고 진실이 승리하는 것이다. 지금도 예수님의 부활은 우리에게 희망과 소망을 준다. 부활의 첫 열매로 말미암아 소망으로 바뀐다.

3. 공포에서 기쁨으로 바꾸는 힘

예수님이 십자가의 죽으심으로 제자들은 공포에 싸이게 되었다. 그러나 예수님의 부활로 제자들은 기쁨을 누리게 되었다. 그들은 산 소망을 얻었고, 공포가 바뀌어 기쁨이 되었다. 예수님의 부활은 우리가 세상을 사는 동안에 속박 당하게 하는 공포를 기쁨으로 바꾸어 준다.

생활이 어려워질 때 ❶

모든 위로의 하나님

찬송_ 23, 545장 | 성경_ 고린도후서 1:3-4

1. 사랑과 자비

하나님은 사랑과 자비의 하나님이시다. 그는 세파에 시달려 슬퍼하고 낙심하는 이들을 깊은 사랑으로 어루만져 주시는 하나님이시다. 지치고 힘든 우리에게 오셔서 안아 주신다. 진실로 환난 중에 위로자가 되시고, 낙심천만한 가운데 새로운 용기와 확신을 주시는 분이시다.

2. 환난 중의 위로

우리가 고통을 당할 때, 홀로 버려두지 아니하시는 하나님이시다. 우리에게 가까이 오셔서 위로자가 되신다. 찢기고 상처받은 영혼들을 따스한 사랑의 품안에 고이 품어주심으로 무한한 위로를 받게 하신다. 환난과 시련에 지친 영혼을 위로해 주셔서 새 힘을 얻게 하신다.

3. 남을 위로하게 하심

하나님의 위로는 위로받는 나 자신에게만 끝나지 않는다. 고통을 당해 갈 바를 알지 못하는 방황하는 이들에게 위로하게 하신다. 하나님의 위로는 풍성한 것이어서, 그 위로를 통하여 남을 위로하게 하신다. 그리고 그 위로로 말미암아 자신이 더욱 위로를 받게 하신다.

생활이 어려워질 때 ❷
복을 약속하시는 하나님

찬송_ 27, 569장 | 성경_ 창세기 13:14-18

1. 영안이 열려 있어야

우리에게는 영안이 열려 있어야 한다. 그 눈은 세상의 것을 마음의 눈으로 보지 않고, 믿음과 소망으로 보는 것이다. 하나님께서는 아브라함에게 믿음과 소망의 눈으로 약속의 땅을 바라보도록 하셨다. 믿음은 갖지 못한 것을 소유하며 보이지 않는 것을 보는 신앙이다.

2. 하나님의 약속에 소망을

우리는 눈에 보이는 것만으로 살지 않는다. 하나님의 약속에 소망을 갖고 사는 것이다. 그래서 "믿음은 바라는 것들의 실상이요 보이지 않는 것들의 증거니"라고 하셨다. 그러므로 오늘부터 믿음의 눈, 소망의 눈을 갖고, 하나님의 약속을 바라보아야 한다.

3. 반드시 성취되는 하나님의 약속

아브라함에게 하나님께서 약속하셨다. "네 자손이 땅의 티끌 같게 하리니." 이 약속은 당시의 아브람에게는 꿈과 같은 소망이었을 것이다. 이 약속은 역사적으로, 영적으로 성취되었다. 하나님의 약속은 마침내 성취되며, 또한 하나님 안에서는 능치 못할 일이 없음을 깨닫게 된다.

13. 위로와 치유

생활이 어려워질 때 ❸

범사에 그를 인정하라

찬송_ 36, 588장 | 성경 잠언 3:5-6

1. 여호와를 의뢰하는 사람

지혜의 근본은 주를 경외함에 있기 때문에 누구든지 지혜로운 삶을 살고자 하면 하나님을 의뢰하도록 해야 한다. 자기의 지식을 의뢰하는 자, 자기 경험에 대한 의존도가 높은 사람들은 잠시 즐겁게 살아가게 될지 몰라도 하나님께서 함께 해주시는 은혜를 누리지 못한다.

2. 범사에 주를 인정하는 사람

범사에 주를 인정하기란 쉬운 일이 아니며, 이것은 각자의 신앙을 점검하는 척도가 된다. 하나님께서 자신에게 주신 인생의 삶은 하나님을 인정함이 시작이다. 일을 하다보면 곤경에 처하기도 하는데, 여호와를 인정하고 기쁨을 잃지 않는 사람이라야 넘어지지 않는다.

3. 모든 일에 최선을 다하는 사람

일의 분량에 관계없이 자기의 일에 최선을 다한다는 것은 바람직한 일이며, 일을 맡은 사람이 지향해야 할 자세이다. 일이 잘 되어 갈 때도 최선을 다하지만 심각한 곤경과 위기에 처할 때도 최선을 다해야 한다. 하나님의 인정을 받는 성실한 성도가 되도록 힘써야 한다.

위기에 몰린 사람 ❶
손 그늘로 덮어주시는 여호와

찬송_ 32, 404장 | 성경_ 이사야 51:12-16

1. 사람을 단련시키는 시련

하나님께서는 자기의 자녀로 택한 자들에게 충성과 진실 등, 어려운 시련을 허락하신다. 그 시련은 땅의 사람이 하늘에 속한 사람으로 살도록 하는 체질의 개선이다. 그러므로 믿음의 인내로 시련을 통과하면 비로소 하나님께 합당한 자녀가 되어, 복을 주시고 창성케 하신다.

2. 우리가 바라보아야 할 소망의 하나님

이 시련은 하나님의 복을 구하게 여기도록 하시는 은혜이다. 언약의 자녀들에게는 그 언약에 참여하는 자로서의 시련이다. 시련을 견딜 때, 자기 백성을 위로하시고 소망을 주시는 복이 우리에게 임한다. 그러므로 우리는 소망의 하나님을 바라볼 수 있어야 한다.

3. 그늘을 펴서 덮어주시는 하나님

만일, 지금의 고통이 나의 죄로 말미암은 것이라면, 더욱 우리를 시련 속으로 몰아넣으신다. 하나님께서는 죄를 다스리시기 위하여 시련을 허락하신다. 그러나 곤고한 중에라도 그늘을 펴서 덮어주시는 하나님이시다. 시련의 기간을 보낼 때 인내하시기를 축복한다.

13. 위로와 치유

위기에 몰린 사람 ❷

구원에 이르게 하는 믿음

찬송_ 87, 409장 | 성경_ 마가복음 10:46-52

1. 소경 바디매오

언제부터였는지는 몰라도 앞을 보지 못하는 불쌍한 바디매오는 매일 사람들에게 구걸할 수밖에 없었다. 그는 예수님이 복음을 들려주시고, 눈물과 질병으로부터 건져주신다는 소문을 듣게 되었다. 그런데 어느 날, 그 예수님이 자기의 마을을 지나가신다는 것을 알게 되었다.

2. 소리를 지른 바디매오

바디매오는 예수님을 만나려는 마음으로 가슴이 끓어올랐다. 앞을 볼 수 없으니, 주님께서 지나신다 해도 모를 수밖에 없었다. 그의 마음에 예수님을 향해서 소리를 치고 싶어져 외쳤다. "예수여 나를 불쌍히 여기소서." 그가 외치는 소리는 곁의 사람들에게 놀람이 되게 하였다.

3. 발걸음을 멈추신 예수님

예수님을 보고자 하는 바디매오의 열정은 생명을 토해내는 외침이 되어, "나를 불쌍히 여기소서"라고 소리치게 하였다. 길을 가시던 예수님께서 "내가 네게 뭐 해주기를 원하느냐"고 물으시니 그는 보기를 원한다고 대답하였다. 이에, 예수님께서 그의 눈을 뜨게 해주셨다.

위기에 몰린 사람 ❸

여호와의 말씀이 두 번째로

찬송_ 21, 417장 | 성경_ 요나 3:1-2

1. 다시 기회를 주시는 하나님

소명의 감당에 실패한 요나에게 하나님이 다시 찾아오셨다. 하나님께서는 불순종한 그를 버리지 않으시고, 다시 찾아오셔서 새로운 기회를 주셨다. 니느웨의 백성을 구원하시려는 하나님의 사랑에, 그에게 또 다시 기회를 주셨다. 이는 그를 향한 하나님의 놀라운 은혜이다.

2. 처음처럼 말씀하시는 하나님

여호와의 말씀은 요나에게 처음으로 하시는 말씀 같았다. 이것은 하나님께서 요나의 불순종을 나무라지 않으시겠다는 증거였다. 사람은 과거의 허물을 들추어내지만 하나님께서는 사랑과 은혜로 허물을 덮어주신다. 우리를 대하시는 하나님은 자비롭고 긍휼이 풍성하시다.

3. 권면해 주시는 하나님

"내가 네게 명한 바를 그들에게 선포하라." 이 말씀에는 이번에는 잘해보라는 격려의 의미가 들어있다. 요나의 생각대로 행동하여 불순종하지 말고, 여호와의 말씀을 따라 그대로 하라는 권면이다. 하나님의 권면은 요나에게만 하시지 않으시고, 우리 모두에게 하신다.

13. 위로와 치유

발병(중병의 진단) ❶

저희 믿음을 보시고

찬송_ 17, 544장 | 성경_ 누가복음 5:18-20

1. 중풍병자를 인도한 친구들

중풍병은 신체의 일부 혹은 전부가 마비되는 병이다. 사람들이 그를 '침상'에 메고 온 것을 보면 그는 전신 마비의 환자이었던 것 같다. 그들이 예수님께 왔을 때, 많은 사람들이 모여 있어서 그에게로 접근할 수가 없었다. 예수님 앞에 모인 무리들은 그들에게 장애가 되었다.

2. 가로 막고 있는 사람들

오늘날에도 예수님을 믿고 따르는 무리들이 사람을 주님께로 인도하지 못하고, 오히려 그에게로 가는 길을 막는 장애가 되는 경우가 있다. 그러나 중풍병자를 데리고 온 그들은 낙심하지 않고, 지붕에 올라가서 기와를 벗기고, 중풍병자를 침상 채 예수님 앞에 달아 내렸다.

3. 중풍에서 낫게 하신 예수님

그들에게는 친구에 대한 사랑이 있었고, 서로 간의 협력이 있었고, 또한 수고와 용기가 있었다. 예수님께서 중풍병자와 그의 친구들을 보시고, "이 사람아 네 죄사함을 받았느니라"라고 말씀하셨다. 주님께서는 그들과 예수님을 보고자 했던 병자의 믿음을 귀하게 여기셨다.

발병 ❷

바람이 거슬리므로 물결을 인하여

찬송_ 40, 470장 | 성경_ 마태복음 14:22-33

1. 풍랑이 일어난 바다

예수님께서 제자들을 재촉하여 배를 타고 바다를 건너게 하셨다. 비로소 혼자가 되신 주님은 따로 산에 올라가 기도하셨다. 제자들이 얼마쯤 가고 있을 때, 바람이 거슬러 큰 물결이 일어났다. 물결은 제자들이 탄 배를 앞으로 나아가지 못하게 하였다. 배가 흔들릴 뿐이었다.

2. 두려움에 빠진 제자들

제자들이 앞으로 나아가려고 물결과 싸우는 동안에 해가 졌다. 바다는 칠흑처럼 어두워지고, 점점 더 거친 풍랑은 제자들의 마음을 졸이게 하였다. 그때, 풍랑 속에서 걸어오는 한 사람을 보게 되자, 제자들의 공포는 극에 달했다. 예수님이셨지만 제자들은 주님을 몰랐다.

3. 제자들을 안심시키시다

예수님께서 말씀하셨다. "안심하라 내니 두려워 말라." 예수님께서 배에 오르시자 바람이 그쳤다고 하였다. 제자들을 괴롭히던 바다가 잔잔해졌다. 제자들을 두려움에 빠지게 했던 바람이 예수님 앞에서 조용해진 것이다. 주님은 우리에게 닥쳐온 광풍을 잔잔하게 하신다.

발병 ❸

이 성전 앞과 주 앞에 서서

찬송_ 134, 374장 | 성경_ 역대하 20:9

1. 우환과 질고를 피할 수 없는 존재

사람은 살아있는 동안에, 육체적으로 연약해서 질병이 찾아오거나, 자연적인 재앙으로 말미암은 전염병 등에 노출되어 우환과 질고를 겪는다. 강한 존재로 보이지만, 우환과 질고로 말미암아 목숨의 위협까지도 받는다. 이 위협으로부터 자기를 구해주실 하나님을 찾아야 한다.

2. 부르짖음을 들으시는 하나님

우리에게 환난이 있을 때에 주께 부르짖으면 들어주시고, 우리를 구원해 주신다. 여호와께 간구하면 들으시고, 응답하셔서 우환과 질고에서 건져 주신다. 우리는 재앙이나 난리, 또는 기근이 임하면 하나님의 이름을 부르고, 그가 계신 성전에 나와서 기도해야 한다.

3. 구원의 즐거움을 주시는 하나님

우리에게 닥쳐오는 문제는 우리 스스로가 해결할 수 없고, 오직 하나님만이 그것을 해결하신다. 환난을 만났을 때, 눈물을 쏟아 구하면 응답해 주신다. 하나님의 이름이 있는 성전에는 하나님의 역사가 있다. 주님을 부르는 자들에게는 하나님의 구원하시는 은혜가 임한다.

장기 입원(지병) ❶
네 믿음이 너를 구원하였으니

찬송_ 89, 472장 | 성경_ 누가복음 8:40-48

1. 유출병으로 고통을 당하는 여인

구약의 법에 따르면, 사람에게 피를 흘리는 병이 있으면 이스라엘 사회에서 추방을 당하였다. 유출이 있는 병자는 성전에도 갈 수 없고, 어떤 집회에도 참석할 수 없었다. 이 여인은 병 때문에 비참한 인생으로 살아왔다. 12년 동안의 세월을 허비하며, 고통 속에서 살아왔다.

2. 예수님의 옷을 만지는 믿음

그러던 이 여인에게 예수님의 옷가에라도 손을 대면 나을 수 있으리라는 믿음이 생겼다. 그녀에게 이러한 믿음이 생긴 것은 전적으로 하나님의 은혜였다. 그리하여 그녀는 누가 볼라 될 수 있는 대로 가슴을 조이면서 군중 속으로 몰래 들어가서, 예수님의 옷 가에 손을 대었다.

3. 믿음으로 구원을 받은 여인

그때, 자기의 능력이 나간 것을 주님께서 아셨다. 그리고 그 여인도 아셨다. 주님께서는 "내게 손을 댄 자가 누구시냐"라고 찾으셨다. 여인이 자기를 숨길 수 없어 예수님 앞으로 나오자 구원의 말씀을 들려 주셨다. 예수님은 우리가 믿음의 손을 내밀면 치료해 주신다.

장기 입원(노환) ❷
예수께서 저희 눈을 만지시니

찬송_ 20, 474장 | 성경_ 마태복음 20:29-34

1. 구원을 바라고 소리를 친 맹인들

맹인들은 길 가에 앉아 있다가, 예수님께서 지나가신다는 말에, 그 기회를 놓치지 않고, 주님을 향하여 소리를 질렀다. 그때, 주님을 따랐던 무리들은 맹인들의 부르짖음에 대하여, 오히려 그들을 꾸짖었고 잠잠하라고 말했다. 그들은 그 불쌍한 맹인들을 동정하지 않았다.

2. 맹인들을 나무란 사람들

주님을 따른 무리들은 비록 예수님을 좇았으나 주님의 자비를 갖고 있지 못하였다. 맹인들은 무리들의 꾸짖음에도 불구하고 낙심하거나 뒤로 물러서지 않았다. 그들은 더욱 자신들의 간절함을 담아 소리를 질렀다. 맹인들의 낙심치 않는 부르짖음은 예수님의 마음을 움직였다.

3. 눈을 뜨게 된 맹인들

예수님께서는 그 맹인들을 민망히 여기셨고, 저희 눈을 만져주셨다. 예수님은 인생의 연약함을 치료하시고, 도우실 수 있는 능력의 주님이시다. 주님께서 그 맹인들의 눈을 만져 주시니 그들이 즉시 보게 되었다. 우리가 낙심하지 않으면 나의 간구에 귀를 기울여 응답하신다.

장기 입원(어린이) ❸
예수께서 소녀의 손을 잡으시매

찬송_ 144, 473장 | 성경_ 마태복음 9:23-26

1. 예수님을 찾아 온 야이로

야이로는 12살이 된 외동딸이 죽게 되자, 예수님을 찾았다. 죽어가는 딸을 고쳐주실 수 있는 분은 오직 예수님이시라는 확신을 가졌다. 예수님께서 그의 집으로 가시던 중에 지체하게 되어, 그의 딸이 죽었다. 그러나 그는 주님께서 죽은 딸을 다시 살리실 것을 굳게 믿었다.

2. '잔다'고 하신 예수님

회당장의 믿음은 예수님을 하나님의 아들로 확신한 데서 비롯되었다. 그의 딸이 죽었다는 소식을 받은 주님께서는 잔다고 하셨다. 주님의 잔다고 하시는 말씀은, 주님께서 죽은 자를 다시 살려내신다는 것을 암시했다. 예수님은 죽은 소녀를 깨우시는 하나님의 아들이시다.

3. 다시 살아난 소녀

주님께서는 자는 자를 깨우듯이 그 소녀의 손을 잡아 일으키셨다. 그러자 아이가 곧 일어났다. "소녀의 손을 잡으시매 일어나는지라." 이로써 주님께서는 자신의 신적 능력을 둘러선 사람들에게 보여주셨다. 이 기적의 은혜가 ○○○님에게 임하기를 소원한다.

위급한 병 ❶

성전 미문에 앉아 구걸하던 사람

찬송_ 15, 471장 | 성경_ 사도행전 3:5-8

1. 불쌍히 여기는 마음

베드로와 요한은 성전 앞에서 구걸하던 사람을 불쌍히 여겼다. 그들은 다른 시간에도, 다른 날에도 성전을 드나들었고, 그때 구걸하는 앉은뱅이를 보았다. 그런데, 이 시간에 그가 불쌍히 여겨진 것이다. 이는 성령님께서 그들에게 앉은뱅이를 불쌍히 여기도록 하신 것이다.

2. 예수 그리스도의 이름

베드로가 요한으로 더불어 앉은뱅이에게 주목하도록 하였다. 그리고 베드로가 말하기를, 예수 그리스도의 이름으로 걸으라 하였다. 그러면서 그의 오른손을 잡아 일으켰다. 베드로의 외침과 행동은 곧 그의 기도였다. 나면서부터 앉은뱅이였던 그를 베드로가 일으킨 것이다.

3. 일어선 앉은뱅이

이에, 앉은뱅이에게 기적이 일어났는데, 그의 발과 발목이 힘을 얻었다고 하였다. 스스로의 힘으로는 한 번도 일어선 본 적이 없는 사람이 제 발로 서게 되었다. 그리고 베드로, 요한과 함께 성전으로 들어갔다. 오늘, 하나님께서 나를 불쌍히 여기실 때, 기적을 보게 된다.

위급한 병 ❷

생명을 파멸에서 구속하시고

찬송_ 26, 473장 | 성경_ 시편 103:1-5

1. 치료를 원하시는 하나님

우리 하나님은 치료하시는 여호와이시다. 하나님의 약속은 "애굽 사람에게 내린 모든 질병의 하나도 너희에게 내리지 아니하리니"라는 것이었다. 예수님께서도 병을 고치시면서 "내가 원하노니 깨끗함을 받으라"고 하셨다. 하나님은 성도의 삶이 강건하기를 바라신다.

2. 치료하러 오신 예수님

세상에 오신 예수님은 치료하시는 하나님의 모습이시다. 예수님께서는 사역의 대부분의 시간을 치료하는데 보내셨다. 사람들이 귀신들린 자들을 데리고 왔을 때, 귀신을 쫓아내시고 병든 자를 다 고치셨다. 주님은 질병을 치료하시는 주이시다. 병을 짊어지신 주님을 바라보자.

3. 치료의 은혜

우리가 치료받기 위해서는 치유에 대한 확신이 있어야 한다. 죄의 사함과 함께 치료함도 주님의 십자가 대속에 포함돼 있다는 사실이다. 치료의 은혜로 생명을 얻되 풍성히 얻자. 세상에서 살 동안에 육신의 연약함으로 말미암아 병이 들 때, 치료의 은혜를 베푸신다.

위급한 병 ❸

여인이 일어나서 수종들더라

찬송_ 71, 216장 | 성경_ 마태복음 8:14-15

1. 병자에게 오시는 예수님

하나님의 자비와 긍휼은 병자를 불쌍히 여기심이다. 베드로의 장모가 열병에 걸려 앓아눕자, 주님께서는 그녀의 집을 찾으셨다. 병든 자를 가엾게 여기시는 주님의 사랑이 병들어 누어있는 그녀의 집을 찾아가게 하셨다. 성령님께서 이 자리에 오셨음을 환영하고 감사드리자.

2. 그녀의 손을 만져주신 예수님

예수님께서는 베드로의 장모를 보시자, 그녀의 손을 만져 주셨다. 사랑의 주님께서는 손을 내어 밀어 우리를 잡아 주신다. 주님의 손길은 우리를 사랑하시는 하나님의 은혜이다. 그 손에 의해서 그녀를 괴롭히던 열병이 떠나가고 잃었던 건강을 회복하였다.

3. 예수님께 봉사한 베드로의 장모

열병에서 낫게 된 여인은 병상에서 일어나자, 예수님을 수종들었다. 질병에서 고침을 받은 사례로 주님을 도와드렸음은 하나님께 영광이 되었다. 자신의 몸이 회복되었기에, 그 몸으로 하나님의 영광을 구한 것이다. 이제, 이 몸으로 하나님께 영광이 되기를 사모하자.

수술 전에 ❶

성도의 고초를 아시는 하나님

찬송_ 41, 197장 | 성경_ 예레미야애가 3:19-24

1. 쑥과 담즙의 시간에

고난을 만났을 때, 성도는 기도를 해야 한다. 하나님께서는 자기의 자녀들과 함께 하시려고 고난의 시간을 주신다. "내 고초와 재난 곧 쑥과 담즙을 기억하소서." 하나님께서 우리의 고초를 알아주시면 성도는 그것으로 만족하게 된다. 하나님을 가까이 함에 대하여 감사하자.

2. 기억하고 묵상하는 하나님

고초를 당하는 자가 하나님을 기억하고 묵상할 때, 큰 은혜를 받는다. "내 심령이 그것을 기억하고 낙심이 되오나 중심에 회상한즉 오히려 소망이 있으니." 하나님을 묵상할 때 하나님을 더 알게 되고, 또 그 하나님의 자비와 긍휼을 깨닫게 되므로 낙심이 소망으로 변한다.

3. 하나님을 가까이 함

자녀는 아버지와 함께 할 때, 위로와 힘을 얻는데, 아버지가 곧 소망이다. 성도는 하나님 앞에서 소망이 아침마다 새로워져서 힘을 얻게 된다. 고난을 당할지라도 "하나님을 기업으로 모신 성도는 하나님을 바란다"고 하였다. 이 은혜가 ○○○ (성도)님께 있으시기를 빈다.

수술 전에 ❷
삼십팔 년 된 병자

찬송_ 36, 474장 | 성경_ 요한복음 5:2-9

1. 가엾은 사람

예수님께서 병자들이 낫기를 기다리고 있는 베데스다 연못가로 오셨다. 주님의 은총은 불쌍한 사람에게 임한다. 그 병자는 38년이라는 긴 세월을 괴로움으로 살았다. 이 사람에게 예수님의 시선이 집중되고 예수님의 은총이 임하게 되었다. 예수님의 오심이 복의 시작이다.

2. 낙심하지 않는 사람

주님께서는 38년 동안 병들어 고생하는 한 병자를 고쳐주셨다. 주님의 은총은 끝까지 소망을 가진 사람에게 임한다. '네가 낫고자 하느냐?' 이 물음은 '아직도 낫고자 하는 소망이 있느냐'라는 의미다. 이 사람은 낫고자 하는 희망을 갖고 있었다. 예수님을 바라보자.

3. 예수님을 바라본 사람

예수님의 눈에 발견된 자가 되기 위해서 기도하자. 주님의 은총은 주님의 시선이 임한 사람에게 임한다. 많은 사람 중에 이 사람에게 주님의 시선이 임하였다. 예수님 앞에 선 사람은 누구든지 실망하지 않게 된다. 주님의 긍휼하심의 은총이 이 병상에 나타나기 원한다.

수술 전에 ❸
병 낫기를 위해

찬송_ 33, 368장 | 성경_ 야고보서 5:14-18

1. 주의 이름으로
"주의 이름으로 기름을 바르며 위하여 기도할지니라"라고 하였다. 성도들이 병들었을 때, 교회의 장로들을 청하여 기름을 바르며 죄를 고백하며 병 낫기를 위해 간구해야 한다. 오늘, 주의 이름으로 (성도)님께 기름을 바르며 기도할 때, 하나님께서 일으켜 주심을 믿는다.

2. 믿음의 기도
"믿음의 기도는 병든 자를 구원하리니 주께서 저를 일으키시리라"라고 하였다. 병의 치료는 하나님께 달려 있다. 병을 주신 이도, 치료하실 이도 하나님이시다. 오늘, 수술을 앞두고서 (성도)님을 위하여 간구할 때, 우리 주님께서 사랑의 응답으로 일으켜 주실 것을 소망하자.

3. 의인의 간구
"의인의 간구는 역사하는 힘이 많으니라"라고 하였다. 하나님은 우리의 병의 원인을 정확히 아시며, 또 그것의 완전한 치료 방법도 아신다. 그가 원하시면 우리의 병은 깨끗하게 치료될 것이다. 이 시간에, 우리가 비는 힘 있는, 간절한 기도에 역사하는 힘이 있음을 확신하자.

14. 병원의 방문

임종 ❶

더 나은 본향을 사모하라

찬송_ 19, 494장 | 성경_ 히브리서 11:14-16

1. 천국을 소망으로

우리가 알거니와 믿음의 선진들은 소망을 이 땅에 두고 살지 않았다. 그들은 언제나 예수님에 의하여 하나님께서 예비해 주신 하늘의 한 성을 바라보며 살았다. 하늘의 예루살렘 성으로 곧 천국을 소망으로 살아갔다. ㅇㅇㅇ님께서도 이 땅에 계실 때, 하늘나라를 바라보셨다.

2. 하늘에 있는 거룩한 처소

우리가 바라보는 본향은 이 땅에 있는 우리에게 돌아가야만 하는 곳, 하늘에 있는 거룩한 처소를 말한다. ㅇㅇㅇ님의 몸을 흙으로 돌려보내면서 우리는 거룩한 다짐을 해야 한다. 믿음의 사람들이 그렇게 가기를 원했던 본향을 사모하는 믿음을 가지고 살아가야 한다.

3. 우리를 위한 처소

주님께서 우리를 위해 예비하신 하늘의 본향을 고인의 뒤를 따라서 바라보자. 지금, 우리가 살아가고 있는 장막과는 전혀 다른 하늘의 본향에 우리를 위한 처소가 있다는 사실을 믿고, 그 나라에 소망을 두자. 천국의 본향으로 말미암아 유족들에게 위로가 있기를 축원한다.

임종 ❷
여호와께 귀중한 죽음

찬송_ 24, 493장 | 성경_ 시편 116:12-16

1. 성도들의 죽음

여호와께서 주의 성도들의 죽음을 귀히 보신다고 하셨다. 자기 백성들에 대하여 머리털의 수까지 세시는 하나님이신지라, 성도의 죽음은 결코 가벼운 것이 아니다. 지금, ○○○님의 생명이 우리의 곁을 떠나 서운하고, 슬프기도 하지만, 하나님께서는 귀히 보고 계신다.

2. 영원히 하나님과 함께

이 땅에서의 인류역사는 하나님께서 성도들이 죽었을 때, 그 영혼을 인도하여 영원히 자신과 함께 있도록 해주심을 깨닫게 한다. 스데반이 순교를 당하기 직전에 주님께서 일어서서 그를 영접하는 모습을 보여 주셨다. 주님께서 순교자의 영혼을 귀중히 여기고, 영접하신다.

3. 여호와 앞에서 귀중한 죽음

모든 성도들은 여호와 앞에서 주의 종, 곧 주의 여종의 아들이다. 그것은 하나님의 선택을 받고 세움을 받았기 때문이다. ○○○님께서 예수님을 믿는 것을 얼마나 존귀히 여기셨는가? 여호와 앞에서 귀중한 죽음이 되신 ○○○님으로 말미암아 감사하자.

임종 ❸
내가 여호와의 집에 영원히

찬송_ 12, 488장 | 성경_ 시편 23:3-6

1. 사망의 음침한 골짜기에서

고인께서는 한 평생을 하나님의 인도와 보호를 받으면서 살아오셨다. 오늘까지 인도해 주신 그 하나님께서는 이제, 사망의 음침한 골짜기에서도 능히 고인의 영혼을 인도해 주실 것이다. 여기에 참석한 우리 모두도 잔잔한 물가, 푸른 초장으로 인도해 주실 것이다.

2. 여호와의 집으로

우리의 영원한 인도자가 되신 하나님께서는 성도의 영혼을 소생시키는 은혜를 주신다. 그리고 우리를 고인과 함께 하나님의 영원한 집으로 인도하신다. 하나님의 인도는 잠시 잠깐 동안에 그치는 것이 아니다. 하나님의 영광스런 나라에 오를 때까지 보호하시고, 인도하신다.

3. 영원히 거하게

이 땅에 사는 나그네는 잠시 잠깐 거하다가 거처를 다른 곳으로 옮겨야만 한다. 돈이 많아 좋은 집을 소유했다 해도 영원한 소유가 될 수 없다. 그러나 하나님이 우리를 위해 예비해 놓으신 집은 영원히 거할 수 있는 집이다. 하나님께서는 우리에게 천국을 기업으로 주셨다.

입관 ❶

예수의 죽었다가 다시 사심을

찬송_ 24, 491장 | 성경_ 데살로니가전서 4:13-18

1. 영원히 깨어있는 복

주 안에서 자는 자만이 영원히 깨어 있는 복락에 참여할 수 있다. 이 땅에서 아무리 부귀영화에 심취해 있을지라도 주님을 모르면 영원히 어두움 가운데 헤맨다. 하지만 주님 안에 있는 자는 살아서는 물론이고, 죽어서도 영원히 깨어있어 영생에 이르는 복을 받게 될 것이다.

2. 부활에 참여하는 복

예수 안에서 자는 (성도)님은 그리스도와 함께 다시 산다. 예수님께서 죽으셨다가 다시 사셨기 때문이다. 주님께서 부활의 첫 열매가 되셨고, 성도는 예수님과 연합되었기 때문이다. 그러므로 예수님께서 다시 재림하실 때, 모든 성도는 부활의 영광스런 몸을 입게 될 것이다.

3. 위로함을 받게 되는 복

본문의 말씀은, "소망 없는 다른 이와 같이 슬퍼하지 않게" 하기 위해 우리에게 주어졌다. 우리는 죽음 이후의 영광과 안위를 보기 때문에 멸망당할 자와 같이 더 이상 슬퍼할 필요가 없다. 오늘 고인의 영광을 마음에 그려보며 우리 또한 위로를 받을 수 있음을 기억하자.

입관 ❷

사망에서 생명으로

찬송_ 9, 479장 | 성경_ 요한복음 5:24-29

1. **영육이 영원히 살기 위해**

   본문에 의하면 예수님의 은혜로 우리는 영원에 이를 수 있다. 모든 사람은 죽은 영혼이 다시 살고 영육이 영원히 살기 위해 예수님을 구주로 믿어야 한다. 사람이 다시 살고 영원히 사는 길은 예수 그리스도를 믿는 길밖에 없다. 다른 이로서는 영원에 이르지 못한다.

2. **예수님을 믿은 자는**

   이 자리에 함께 한 이들 중에 예수님을 구주로 믿지 않으시는 분들은 주님을 영접하는 은혜가 있으시기를 축복한다. 예수님을 이미 믿은 자들은 자신의 구원을 확신하자. 예수님을 믿은 자는 영생을 얻었고 사망에서 생명으로 옮겨졌으며, 다시는 정죄함이 없다.

3. **영광스런 몸의 부활을**

   하나님께서 주신 구원은 변할 수 없는, 확정된 구원이며, 부활의 소망을 약속받았다. ㅇㅇㅇ님께서는 이 구원의 은혜를 갖고 운명하셨으니 감사하다. 주님 안에서 영생을 선물로 받으셨으니 마귀도 빼앗을 수 없다. 오늘, ㅇㅇㅇ님께서 영광스런 몸으로 부활하실 것을 소망하자.

입관 ❸

나의 구원으로 보이리라

찬송_ 22, 480장 | 성경_ 시편 91:16

1. 유한한 인생

세상의 일은 공적인 일이든 사적인 일이든, 시간의 제약을 받고 있다. 인간과 인간의 행하는 일들도 시간과 공간의 제약을 받고 있다. 인간은 하나님께서 정해 놓으신 시간적인 존재이다. 우리가 그 한계를 극복해 보려고 발버둥 치며, 노력해보지만 인간은 나약할 뿐이다.

2. 영원하신 하나님

하나님은 피조물들과 달리 시간과 공간의 제약을 받지 않으신다. 그는 창조주로서 자기의 뜻대로 이 세상을 다스리신다. 그러면서 영원하신 하나님을 의지하는 자에게 영생을 선물로 주신다. 우리가 하나님을 경외하고, 그를 따르면 하나님의 영원하신 보호를 받게 된다.

3. 영원을 사모하는 마음

불안한 인생을 사는 인간일지라도 하나님은 그에게 영원을 사모하는 마음을 심어 주셨다. 그런데 인간이 현생에 급급함으로 이것을 바라보지 못하여 더욱 불안한 삶을 살수 밖에 없다. 죄를 깨달은 인간이 하나님을 의지할 때, 하나님께서 영생을 사모하도록 은혜를 주셨다.

발인 ❶

보좌 앞과 어린 양 앞에서

찬송_ 38, 606장 | 성경_ 요한계시록 7:9-12

1. 스스로 회개할 수 없는 인생

사람은 영적으로 죽어 있기 때문에, 스스로 회개할 수도 믿음을 가질 수도 없다. 하나님께서는 죄인이었던 ㅇㅇㅇ님을 자녀로 불러주셨고 그의 능력으로 죽었던 영혼을 살리셨다. 그리고 이 땅에서 성도의 삶을 살게 하시다가 믿음을 지키고 거룩함의 열매를 맺게 하셨다.

2. 구원의 복을 받은 성도

성경은 구원이 오직 하나님께 달려 있다고 분명히 강조한다. 사람의 구원은 궁극적으로 하나님께 달려 있다. 하나님은 문자 그대로 구주이시다. 그는 구원의 길을 지시하실 뿐만 아니라 실제로 그의 능력의 오른팔로 우리를 죄에서 구원해 주셨다.

3. 하늘에서의 찬송

천상에서 성도들이 찬송을 하면 천사들은 그 찬송에 화답한다. 천사들은 찬송을 위하여 하나님 앞에 있다. 하나님의 보좌 앞에서 그들은 구원이 참으로 하나님의 지혜와 능력의 일임을 노래한다. 이미 천국으로 가신 ㅇㅇㅇ님께서는 지금 하나님을 찬송하고 계실 것이다.

발인 ❷
아침에 피어 저녁에 시드는 꽃

찬송_ 88, 609장 | 성경_ 시편 90:1-6

1. 쓸려가는 인생

갑자기 내린 비가 홍수가 되어 모든 것을 쓸어가는 것처럼 하나님께서는 인생들을 쓸어 가신다. 팔레스타인은 우기에 폭우가 내리면 갑자기 작은 강이 형성되어 순식간에 모든 것을 쓸어가곤 했다. 그러면 그 위에 있던 모든 것들은 흔적조차 없이 허무하게 사라지고 만다.

2. 강하고, 영원하신 하나님

인간의 삶이란 갑자기 찾아오는 인생의 홍수에 휩쓸려서 영원한 잠을 자게 된다. 갑자기 내린 비에 쓸려가는 연약한 존재다. 우리는 연약하지만 하나님은 강하시다. 우리는 끝이 있으나 하나님은 영원하시다. 그러므로 인생은 하나님을 의지하고, 그의 도우심을 받아야 한다.

3. 하나님께 가까이 가야 할 존재

한 세대가 하나님의 홍수에 휩쓸려서 사라지게 되면, 그 자리에는 다음 세대가 풀처럼 새롭게 돋아나게 된다. 그러나 이들 역시 단 한 번의 홍수로 사라질 수 있다. 그들은 마치 아침에 새로 피어 잠시 자라다가, 저녁이 되면 베어져 말라버리는 풀처럼 연약하다.

발인 ❸

하늘에 있는 영원한 집

찬송_ 19, 607장 | 성경_ 고린도후서 5:1-3

1. 하늘의 처소

몸을 떠난 성도의 영혼은 하늘로 올라간다. 하나님의 부르심을 받은 ○○○님은 주님께서 예비해 주신 영원한 처소로 가셨다. 그곳에 있는 집은 무너질 수 없는 영원한 집이다. 우리 모두가 사모하는 곳으로 ○○○님께서 먼저 가셨으니 감사로 예배하는 우리들이어야 한다.

2. 하나님께서 지으신 집

우리의 영혼은 천국에 들어가기를 간절히 사모한다. 죽음 후에 영혼이 가는 집은 '하나님께서 지으신 집'이다. 그것은 사람이 짓지 못하는 하늘에 있는 영원한 집이다. 성도의 영혼은 지금 육체 가운데 있지만, 육체의 죽음 후에 천국에 들어가 거기서 부활 때까지 안식한다.

3. 거룩하고, 영원한 집

본문에서 "하늘로부터 오는 처소로 덧입는다"고 하셨다. 이는 영혼이 육체를 떠난 후에 천국에서 거처를 얻는 것을 말한다. 그러나 불신자들에게는 이 거룩하고 영원한 집이 없으니, 그들은 죽어서 영혼이 탄식하게 되고 만다. 구원을 주신 주님께 감사하도록 하자.

하관 ❶
사망을 영원히 멸하실 것이라

찬송_ 29, 490장 | 성경_ 이사야 25:8

1. 공포를 물리친 승리

사망에 대한 인간의 공포는 그의 영과 혼과 감정에까지 스며있다. 예수님의 부활을 믿는 우리들은 장차 부활의 영광에 참예할 수 있게 되었다. 그리하여 그 모든 공포에서 해방될 수 있다. 우리는 사망을 향하여 "사망아 너의 쏘는 것이 어디있느냐?"라고 외칠 수 있는 것이다.

2. 예수님이 부활하신 승리

산헤드린 공회는 로마와 결탁하여 예수님을 죽여 무덤에 가두었다. 그러나 사망의 권세가 아무리 막강하다 해도 주님을 더 이상 그곳에 매어 놓을 수 없었다. 그는 자신이 사망을 이기셨을 뿐만 아니라, 그를 믿는 모든 인생들에게까지 사망에서 부활을 맛보게 하셨다.

3. 면류관에 의한 승리

주님께서 부활하실 때, 먼저 죽은 성도들은 생명의 면류관을 받게 되었다. 이로써 그들은 승리하였다. 십자가의 승리를 통해서 사탄을 멸했기 때문이다. 예수님의 죽으심과 부활하심은 사망을 멸하고, 영원한 승리를 얻게 하는 보증이 되었다. 이에, 사망을 두려워 말자.

하관 ❷
주 안에서 죽는 자들은

찬송_ 23, 610장 | 성경_ 요한계시록 14:13

1. 모든 수고를 그침
죄를 짓고 난 이후에, 인간의 삶에는 수고와 고통이 뒤따랐고, 땀을 흘려야 했다. 그러나 성도가 죽은 후에 가는 천국은 언제나 기쁨과 찬송이 있는 곳이다. 성도는 그곳에서 모든 수고를 다 마치고 주님의 위로를 받을 때, 지나간 고통을 꿈에 본 듯이 다 잊게 될 것이다.

2. 영원한 안식을 누림
돈이 많아 세상을 즐기며 산다 해도, 마음의 초조와 불안과 고통은 그칠 날이 없다. 하지만 성도가 하나님의 품에서 얻게 될 안식은 가장 완전한 안식이다. 영원한 안식이다. 때문에 성도의 현실의 삶은 영원한 안식의 처소를 향해 나아가는 순례자의 삶에 지나지 않는다.

3. 복된 삶을 살아감
성도의 죽음이 귀한 것은 믿음을 갖고 삶을 살았기 때문이다. 그리고 주 안에서 죽었기 때문이다. 이러한 죽음이야말로 저주가 아닌 복된 죽음이다. 이제, 고인은 천국에서 새로운 복된 삶을 살 수 있는 근거가 되었다. 영생복락의 삶으로 인도되었으니 복된 죽음이 되었다.

하관 ❸
죽은 자의 부활

찬송_ 73, 611장 | 성경_ 고린도전서 15:20-22

1. 잠자는 자들의 첫 열매

주님의 부활을 잠자는 자들의 '첫 열매'라고 부른 것은 그의 부활로 죽은 자들의 부활의 시작되기 때문이다. 첫 열매는 더 많은 열매들이 뒤따를 것을 기대하게 한다. 주님께서 부활의 첫 열매가 되심으로써 지금은 무덤 속에 있는 ○○○님께서도 신령한 몸으로 부활하신다.

2. 부활을 소망하는 우리들

예수님의 부활은 우리에게 부활을 소망하게 한다. 우리에게 부활이 있다는 것은 복되고 놀라운 것이다. 주님께서 다시 사신 것처럼, 죽은 자들은 장차 다시 살아난다. 우리의 눈에서 눈물을 흘리게 한 무덤이지만, ○○○님께서 부활하시면, 그 무덤은 영광의 처소가 될 것이다.

3. 보증된 부활

예수님의 부활은 죽은 자들의 부활의 첫 열매가 되신다. '사망이 사람으로 말미암았으니'라는 말씀은 아담의 범죄로 사망이 온 사실을 말한다(롬 5:12). 죽은 자의 부활도 사람으로 말미암는다고 하셨으니, 주님의 부활로 말미암은 영생의 소망을 갖자.

제·목·으·로·찾·아·보·기

가이사의 것과 하나님의 것, 마태복음 22:15-22	24
간음치 말라, 마태복음 5:27-32	110
간음하지 말라, 출애굽기 20;14	111
갈 바를 알지 못하고, 히브리서 11:8-10	52
거룩함에 흠이 없게, 데살로니가전서 3:11-13	49
거절해야 할 것 세 가지, 시편 1:1-6	21
겨자씨의 믿음, 마태복음 17:14-20	64
구원에 이르게 하는 믿음, 마가복음 10:46-52	174
교회를 위한 간구, 에베소서 3:14-19	39
교회의 일꾼 된 것은, 골로새서 1:24-29	58
그 걸음을 인도하시는, 잠언 16:3-9	120
그 둘이 한 육체가 될지니, 에베소서 5:22-33	107
그리스도 복음에 합당하게, 빌립보서 1:27-30	118
그리스도 예수의 선한 일꾼, 디모데전서 4:7-10	139
그리스도의 평강을, 골로새서 3:12-17	153
그리하면 복이 네게 임하리라, 욥기 22:21-23	43
끝까지 사랑하시니라, 요한복음 13:1	128
끝이 오리라, 마태복음 24:15-24	84
나를 위하여 의의 면류관이, 디모데후서 4:7-8	100
나의 구원으로 보이리라, 시편 91:16	193

나의 지경을 넓혀 주옵소서, 역대상 4:9-10	122
나의 행보를 주의 말씀에, 시편 119:129-133	50
내게 능력 주시는 자 안에서, 빌립보서 4:13	159
내 영혼아 여호와를 찬양하라, 시편 146:1-5	22
내 집에 들어와 유하라, 사도행전 16:13-15	65
내 친구와 내 형제처럼, 시편 35:12-14	40
내 평생을 여호와의 집에서, 시편 27:4-6	32
내가 여호와의 집에 영원히, 시편 23:3-6	190
넉넉히 이기느니라, 로마서 8:37-39	148
네게 요구하시는 것, 신명기 10:20-22	25
네 길을 여호와께 맡기라, 시편 37:3-6	26
네 믿음이 너를 구원하였으니, 누가복음 8:40-48	179
네 부모를 공경하라, 출애굽기 20:12	89
늙어도 결실하며, 시편 92:12-15	95
다비다야 일어나라, 사도행전 9:36-42	158
다섯 달란트 받았던 자, 마태복음 25:14-21	121
다음 세대에 대한 의무, 신명기 31:12-13	79
달음질하라 상을 받기까지, 고린도전서 9:24-25	167
더 나은 본향을 사모하라, 히브리서 11:14-16	188
도리어 진보가 된 줄을, 빌립보서 1:12-18	83
도움이 어디서 올까, 시편 121:1-4	162
두려워하지 말고 가만히 서서, 출애굽기 14:13	145
두려워하지 말며 놀라지 말라, 여호수아 1:7-9	168
둘이 아니요 한 몸이니, 마태복음 19:5-6	109

– 제목으로 찾아보기

둘이 한 몸을, 창세기 2:21-25	102
드러나게 하시는 하나님, 디모데전서 5:24-25	134
들어와도 복, 나가도 복, 신명기 28:1-6	97
디모데-물려받은 믿음, 디모데후서 1:3-5	93
룻과 나오미-고부의 정, 룻기 1:15-18	113
룻이 보아스의 아내가 되다, 룻기 4:13-17	15
마음을 같이하는 지체들, 사도행전 2:42-47	38
마음을 새롭게 함으로, 로마서 12:2	48
마음판에 새기라, 잠언 3:1-4	154
만물보다 먼저 계신 하나님, 골로새서 1:16-17	74
모든 것이 합력하여, 로마서 8:28	147
모든 선한 일에 예비함이, 디모데후서 2:20-21	46
모든 위로의 하나님, 고린도후서 1:3-4	170
모든 일들을 행하시는 여호와, 이사야 45:5-7	29
몸의 행실을 죽이라, 로마서 8:11-17	82
뭇별을 셀 수 있나 보라, 창세기 15:4-6	143
미쳤다는 오해를 받으면서까지, 사도행전 26:24-29	61
믿음과 사랑으로, 디모데후서 1:10-14	68
믿음, 소망, 사랑의 손, 출애굽기 17:8-13	131
바벨론 왕궁의 다니엘, 다니엘 2:44-49	124
바람이 거슬리므로 물결을 인하여, 마태복음 14:22-33	177
범사에 그를 인정하라, 잠언 3:5-6	172

범사에 예수 그리스도로 말미암아, 베드로전서 4;10-11	42
번뇌하여 죽을 지경이라, 사사기 16:1-22	31
벧세메스로 가는 두 암소, 사무엘상 6:10-12	57
병 낫기를 위해, 야고보서 5:14-18	187
보좌 앞과 어린 양 앞에서, 요한계시록 7;9-12	194
복을 약속하시는 하나님, 창세기 13:14-18	171
복을 온전히 즐거워하라, 신명기 16:13-17	76
복을 주신 대로 헤아려, 신명기 16:9-12	54
복이 있는 사람, 시편 128:1-6	45
뵈뵈를 너희에게 추천하노니, 로마서 16:1-2	63
부르심과 택하심을 굳게 하라, 베드로후서 1:5-10	37
부모에게 순종하라-주 안에서, 골로새서 3:20-21	91
부활의 힘, 사도행전 2:22-24	169
빌라델비아 교회-적은 능력으로, 요한계시록 3:7-13	150
빌립보 성도들을 위한 기도, 빌립보서 1:1-11	41
사랑 가운데서 행하라, 에베소서 5:1-3	72
사마리아 성에 내려간 빌립, 사도행전 8:4-8	67
사망에서 생명으로, 요한복음 5:24-29	192
사망을 영원히 멸하실 것이라, 이사야 25:8	197
삼십팔 년 된 병자, 요한복음 5:2-9	186
생각해야 될 것 세 가지, 디모데후서 1:8-10	138
생명을 파멸에서 구속하시고, 시편 103:1-5	183
생육하고 번성하여, 창세기 1:28	84
선택받은 자의 하나님, 창세기 20:3-8	151

성도를 지키시는 하나님의 손, 시편 91:11-16	142
성도의 고초를 아시는 하나님, 예레미야애가 3:19-24	185
성도의 마땅한 자세, 디모데전서 2:1-10	137
성도의 삶-하나님을 기쁘시게, 로마서 12:1-2	75
성전 미문에 앉아 구걸하던 사람, 사도행전 3:5-8	182
세상의 빛, 마태복음 5:14-16	80
소원대로 되리라, 마태복음 15:26-28	161
손 그늘로 덮어주시는 여호와, 이사야 51:12-16	173
손자와 노인, 아비와 자식, 잠언 17:6	73
시어머니에게 효성을 다한 여인, 룻기 2:10-13	114
시온의 산에서 내려오는 은혜, 시편 133:1-3	71
아내를 사랑하고, 남편을 경외하라, 에베소서 5:22-27	103
아침에 피어 저녁에 시드는 꽃, 시편 90:1-6	195
어리석은 일을 행하지 말라, 사무엘하 13:10-14	90
어찌 그리 사랑스러운 교회, 시편 84:1-4	35
여인이 일어나서 수종들더라, 마태복음 8:14-15	184
여호와께 귀중한 죽음, 시편 116:12-16	189
여호와께서 증인이 되시는 부부, 말라기 2:14-16	105
여호와는 나의 목자, 시편 23:1-3	119
여호와를 신뢰하고 인정하라, 잠언 4:1-4	47
여호와를 온전히 좇았으므로, 여호수아 14:13-15	99
여호와 보시기에 정직한 사람, 열왕기상 15:11-15	30
여호와의 말씀이 두 번째로, 요나 3:1-2	175
영화롭게 해 주시는 하나님, 잠언 4:5-9	155

예수께서 가까이 이르러, 누가복음 24:17-27	152
예수께서 소녀의 손을 잡으시매, 마태복음 9:23-26	181
예수께서 저희 눈을 만지시니, 마태복음 20:29-34	180
예수의 죽었다가 다시 사심을, 데살로니가전서 4:13-18	191
오늘, 나에게 순조롭게, 창세기 24:10-14	129
온 집에 복을 주시는, 사무엘하 6:9-11	69
요단에 들어서라, 여호수아 3:4-6	146
우리를 도우시는 하나님, 역대상 12:19-22	123
우리를 위한 여호와의 긍휼, 시편 103:8-13	149
우리에게 우리 날 세는 법을, 시편 90:10-12	98
위로하시는 하나님, 고린도후서 1:3-7	27
위의 것이냐, 땅의 것이냐?, 골로새서 3:1-4	53
은혜로 든든히 살자, 디도서 1:1-4	96
은혜로운 길들이기, 야고보서 3:7-12	36
은혜와 영화를 주시며, 시편 84:9-12	164
의인의 장막에 기쁜 소리, 시편 118:15-16	130
이 모든 일에, 욥기 1:20-22	127
이 성전 앞과 주 앞에 서서, 역대하 20:9	178
이 아이를 위하여, 사무엘상 1:21-28	88
일을 행하시는 하나님, 신명기 1:29-33	125
자기의 부인과 자기의 십자가, 마태복음 16:24-26	62
자녀와 부모의 관계, 골로새서 3:20-21	77
자람을 위한 부모의 기도, 누가복음 2:40	92
장가 간 자, 시집 간 자, 고린도전서 7:32-34	108

장로들에게 권하노니, 베드로전서 5:1-4	59
저를 만족케 하며, 시편 91:14-16	165
저희 믿음을 보시고, 누가복음	176
조금 나아가 땅에 엎드리어, 마가복음 14:32-38	104
종의 집에 복을 주시는, 사무엘하 7:25-29	156
주를 앙모하는 자녀, 시편 63:1-4	126
주 안에서 마땅한 부부관계, 골로새서 3;18-19	106
주 안에서 죽는 자들은, 요한계시록 14:13	198
주인 앞에서의 종, 골로새서 3:22-25	116
죽은 자의 부활, 고린도전서 15:20-22	199
지혜가 제일이니 지혜를 얻으라, 잠언 4:5-7	163
천국에서 크다 일컬음을, 마태복음 5:17-20	81
첫 표적을 살릴리 가나에서, 요한복음 2:1-11	85
청하건대 종의 집에 복을 주사, 사무엘하 7:27-29	66
쾌락을 사랑하지 말라, 디모데후서 3;1-4	112
태의 열매는 그의 상급, 시편 127:3-5	86
티끌과 재 가운데에서, 욥기 42:10-15	160
평안을 누리게 하려, 요한복음 16:31-33	166
평안히 살게 하신 때, 사무엘하 7:1-3	141
포악함이 땅에 가득하므로, 창세기 6:9-14	56
풍성한 은혜-그리스도 안에서, 에베소서 1:7-12	55

피로 사신 교회를 보살피게, 사도행전 20:28-35	60
피하라, 쫓으라, 싸우라, 디모데전서 6:11-12	136
하나님과 사람에게 더 사랑스러워, 누가복음 2:52	87
하나님께 가까이 함이, 시편 73:27-28	144
하나님께 의로운 사람, 마태복음 1:18-25	117
하나님께 소망을 두라, 시편 42:1-5	23
하나님께서 받으실 만한 일, 디모데전서 2:1-4	132
하나님 여호와께로 돌아오라, 호세아 14:1-3	51
하나님은 누구와 함께, 사사기 6:11-18	78
하나님을 모신 가정, 에베소서 6:1-4	70
하나님을 아버지로 경외하라, 잠언 3:5-6	20
하나님의 말씀을 들으라, 신명기 6:1-3	101
하나님이 나를 웃게 하시니, 창세기 21:1-4	94
하나님이 주신 마음, 디모데후서 1:7	133
하늘에 있는 영원한 집, 고린도후서 5:1-3	196
하늘에 있는 우리의 시민권, 빌립보서 3:17-21	28
하나님이 가라사대, 시편 91:14-16	140
한밤중의 기도와 찬송, 사도행전 16:19-26	33
형통한 자가 되어, 창세기 39:1-5	157
후일에 유의하라, 디모데전서 4:1-2	135
흠을 찾을 수 없는 사람, 시편 17:3-5	34